Das

Pfalz

Kochbuch

REGIONALIA
VERLAG

Das Pfalz Kochbuch

12. Auflage 2025

Alle Rechte vorbehalten

Regionalia Verlag,
ein Imprint der Kraterleuchten GmbH,
Gartenstraße 3, 54550 Daun
Verlagsleitung: Sven Nieder

Bei Fragen zur Produktsicherheit wenden Sie sich an:
gpsr@kraterleuchten.com

Titelmotiv: agilmedien, Niederkassel
Layout und Satz: agilmedien, Niederkassel

Hergestellt in der Europäischen Union, Finidr, CZ

ISBN 978-3-939722-89-2

www.regionalia-verlag.de

Inhalt

Vorwort

„Mer esse jetz erschd emol ebbes „ – frei nach diesem Motto setzt sich der Pfälzer an den Esstisch und lässt es sich gut gehen. Dazu hat er auch allen Grund, denn was die Pfalz an kulinarischen Köstlichkeiten zu bieten hat, ist einfach ein Gaumenschmaus. Hinzu kommt die Pfälzer Gemütlichkeit und Gastlichkeit, was nicht zuletzt darauf zurückzuführen ist, dass die Pfalz ein Weinanbaugebiet ist.

Wichtigstes Produkt der pfälzischen Landwirtschaft und auch einer der bekanntesten Exportartikel ist der Pfälzer Wein. Dieser gedeiht hervorragend überwiegend an der klimatisch begünstigten Weinstraße.

Die traditionelle Pfälzer Küche ist teilweise recht deftig, was sicherlich daran liegt, dass die Pfälzer mitunter Notzeiten erleiden mussten oder schwerer körperlicher Arbeit ausgesetzt waren. Über die Landesgrenzen hinaus bekannt (nicht zuletzt auch durch Altbundeskanzler Helmut Kohl) ist der Pfälzer Saumagen. Aber auch andere Köstlichkeiten wie Wurstsalat und Handkäs' mit Zwiwwel sind in der Pfalz Begleiter für gemütliche Weinrunden. Leberknödel, Dampfnudeln, Bratwurst oder Flääschknepp, um nur einige Beispiele zu nennen, sind schmackhafte Gerichte und werden mit einem Schoppen Wein serviert.

„WWW" – Weck, Worscht und Wein, ein Traditions-Imbiss in der Pfalz, ist zwar eine einfache Mahlzeit, aber kaum eine schmeckt besser – vor allem, wenn man sich lange an der frischen Luft bewegt hat. Auch bei der Arbeit im Feld oder im Weinberg wird diese Mahlzeit immer gerne gegessen.

7

Wachtenburg im Juni

Die Pfalz

Die Pfalz ist eine Region von etwa 5000 km² Größe und liegt im Süden von Rheinland-Pfalz. Bekannt für ihren Wein (größtes Rieslinggebiet der Welt) ist sie nach Rheinhessen das zweitgrößte deutsche Weinanbaugebiet. In den etwa 3600 Winzerbetrieben werden jährlich etwa 2,5 Mio. Hektoliter Qualitäts- und Prädikatsweine hergestellt. Der Wein wird traditionell in Schoppengläsern (Dubbegläser) serviert, die ein Fassungsvermögen von 0,5-Litern haben. Die Dubbegläser („Tupfengläser") verjüngen sich von oben nach unten und weisen außen runde Vertiefungen (eben die Dubbe) auf. „De Dorscht, der macht erscht richtig Spaß, hoscht so e Pfälzer Dubbeglas." (Pfälzer Trinkspruch)

Nach spätestens drei bis vier Schoppen weiß jeder, warum solche Gläser handlicher sind als „glatte Gläser": Sie lassen sich wesentlich einfacher festhalten.

Der Wein wird in insgesamt 144 Pfälzer Orten angebaut und bestimmt somit das Landschaftsbild der Pfalz. Mit einem besonders milden Klima, mit fast 1800 Sonnentagen im Jahr, eröffnet sich an der etwa 85 km langen Deutschen Weinstraße ein Paradies. Infolge dieser milden Wetterverhältnisse gedeihen hier im Freiland Kiwis, Pinien, Zypressen, Palmen, Bananen, Tabak und Esskastanien. Darüber hinaus bilden Feigen, Zitronen, mächtige Oleanderbüsche und eine mit Sonne und Aromen gefüllte Atmosphäre das Panorama dieser Landschaft. Die Mandelbaumblüte ist fast schon legendär und verzaubert dieses Gebiet zur Blütezeit in ein weiß-rosa farbiges Blütenmeer. Im sogenannten Pfälzer Mandelfrühling werden Burgen, Schlösser, Kirchen und historische Bauwerke zudem rosa beleuchtet und für die Besucher finden viele Feste und Veranstaltungen rund um das Thema Mandeln statt.

Zum Feiern laden zwischen März und Oktober zahlreiche Weinfeste ein. Die größten sind der Dürkheimer Wurstmarkt, das Deutsche Weinlesefest in Neustadt, auf dem die Deutsche Weinkönigin gewählt wird, und das Fest des Federweißen in Landau. Der Pfälzerwald (auch Haardtgebirge genannt), das größte zusammenhängende Waldgebiet Deutschlands, verfügt über zahlreiche Burgen und rund 500 Burgruinen (unter ihnen die bekannte Barbarossaburg Trifels bei Annweiler) sowie über die größte Buntsandstein-Felslandschaft Europas. Der fast 180.000 Hektar große Naturpark

Pfälzerwald, ein Wanderparadies, wurde 1959 als dritter Naturpark Deutschlands geschaffen und 1992 von der UNESCO als Biosphärenreservat anerkannt.

Die Menschen der Pfalz sind gradlinig und bodenständig, manchmal vielleicht etwas derb und deftig. Ihre Sprache ist offen und ehrlich, manchmal auch laut und schnell. Zum Beispiel ist eines der Lieblingsworte des Pfälzers „Verz" (von „Furz"). Der Ausspruch „Mach kää Verz" bedeutet „Rede keinen - oder mach keinen Unsinn".

Alle Pfälzer zeichnen sich durch eine Freundlichkeit und Herzlichkeit aus, mit der sie ihre Gäste an ihren Festen teilnehmen lassen. Genuss und Entspannung werden in der Pfalz großgeschrieben. Die Pfälzer Lebensfreude und die herrliche Natur bieten dafür ideale Voraussetzungen.

Der insgesamt recht entspannt wirkende Pfälzer hat aber neben dem Genuss eine weitere große Leidenschaft: den Fußballverein 1.FC Kaiserslautern. Der Verein, dessen Spieler die „Roten Teufel" genannt werden, gehört mit vier Deutschen Meisterschaften und zwei DFB-Pokalsiegen zu den erfolgreichsten Mannschaften des Landes. Die FCK-Fans sind in mehreren hundert Fanclubs weltweit organisiert.

Die feurigsten Anhänger stehen in der Westkurve des Fritz-Walter-Stadions. Die überaus lautstarken Fans erlangten bundesweite Bekanntheit und die Atmosphäre auf dem Betzenberg wird schon immer als sehr hitzig empfunden. Bereits in den Anfangszeiten der Bundesliga war das Pfälzer Publikum für seine Ruppigkeit bekannt; doch vor allem wegen der Lautstärke hatte der Betzenberg lange eine Vorreiterrolle inne. Traditionell wird vor jedem Heimspiel von den begeisterten Fans das „Betze-Lied" abgespielt.

Weinberge im Herbst

Wenn am Wochenend die Massen,
in die Fußballstadien zieh'n,
dann kann ich es nicht lassen,
mich zieht's zum Betze hin,
die Stimmung ist dort ganz famos,
wie kann's auch anders sein,
und geht das Spiel dann richtig los,
stimmen alle mit mir ein

Olé Olé, Olé Ola,
der FCK ist wieder da
Olé Olé, Olé Ola,
die Roten Teufel sind ganz wunderbar

Jeder Club ist uns willkommen
(... außer Bayern ...),
jede Mannschaft gern geseh'n,
doch die Punkte werden ihnen abgenommen,
bevor sie wieder nach Hause geh'n,
das war schon bei Fritz Walter so,
und wird nie anders sein,

der FCK wird niemals untergeh'n,
darauf stimmen alle ein

Olé Olé, Olé Ola,
der FCK ist wieder da
Olé Olé, Olé Ola,
die Roten Teufel sind ganz wunderbar

Läuft im Spiel mal nichts zusammen,
und es will und will nichts geh'n,
so woll'n wir doch geschlossen,
hinter uns'rer Mannschaft steh'n,
wenn am Schluss wir dann doch Sieger sind,
dann wird es allen klar,
solang's in Deutschland Fußball gibt,
gibt es auch den FCK!

Olé Olé, Olé Ola,
der FCK ist wieder da
Olé Olé, Olé Ola,
die Roten Teufel sind ganz wunderbar

11

Vorspeisen und Leckeres für den kleinen Hunger

Nicht umsonst heißt es: „Essen ist ein Stück Lebensfreunde". An den folgenden Rezepten werden auch Sie Freude haben. Egal ob als Vorspeise oder für den Hunger zwischendurch, ein Handkäs' mit Zwiwwel, Eiersalat oder WWW, diese Gerichte „passen" immer. Mit wenigen Handgriffen gelingt es Ihnen, mit frischen Zutaten eine köstliche Mahlzeit herzustellen. Im pfälzischen Grenzgebiet zu Frankreich werden die kulinarischen Einflüsse zum Nachbarn spürbar. Hier ist der Flammkuchen populär, der oft zu Neuem Wein gereicht wird.

Germersheimer Wurstsalat

Für 4 Personen

Zubereitungszeit:
25 Minuten

Einkaufsliste

500 g Fleischwurst
3 Gewürzgurken
1 Zwiebel
½ Bund Petersilie
3 EL Öl
2 EL Weißweinessig
Zucker
Salz
Pfeffer

1.

Die Fleischwurst von der Pelle befreien, in dünne, schmale Streifen schneiden und in eine Schüssel geben. Die Gurken abtropfen lassen und fein würfeln. Die Zwiebel schälen und in ganz feine Würfel schneiden. Die Petersilie gründlich waschen, trockenschleudern und fein hacken..

2.

Die Zwiebel und die Petersilie zu der Fleischwurst geben. Aus Öl, Essig, Zucker, Salz und Pfeffer eine Marinade anrühren. Diese Marinade über den Wurstsalat geben und das Ganze gut mischen. Den Wurstsalat abdecken und im Kühlschrank über Nacht ziehen lassen.

3.

Zum Servieren den Wurstsalat auf flachen Tellern anrichten und dazu jeweils eine Scheibe kräftiges Roggenbrot reichen.

Tipp:
Wenn Sie mögen, können Sie den Wurstsalat mit einem „Klecks" Senf servieren.

Handkäs' mit Zwiwwel

1.

Den Käse in vier Scheiben schneiden und auf flache Teller legen.
Die Zwiebeln schälen und fein hacken. Aus Essig, Öl, Salz und
Pfeffer eine Marinade anrühren und die Zwiebeln unterrühren.

2.

2

Die Marinade über den Käsescheiben verteilen und die
Schnittlauchröllchen darüber streuen. Den Handkäs' mit Zwiwwel
mit jeweils einer Scheibe Roggenbrot servieren. Dazu ein Glas
fruchtigen Weißwein reichen.

Tipp:
Sie können die Zwiebeln auch in Ringe schneiden und anschlie-
ßend auf den Käse legen. Die Zubereitungsart richtet sich nach
Ihren eigenen Vorlieben.

Für 4 Personen
Zubereitungszeit:
10 Minuten

Einkaufsliste
240 g Sauermilchkäse
3 Zwiebeln
8 EL Essig
4 EL Öl
Salz
Pfeffer
1 EL Schnittlauchröllchen

Flammkuchen

Für 4 Personen

Zubereitungszeit:
20 Minuten
Kochzeit: 15 Minuten

Einkaufsliste

Für den Teig
15 g Hefe
¼ TL Zucker
250 ml Milch
250 g Mehl
1 Prise Salz

Für den Belag
200 g Räucherspeck
4 Zwiebeln
200 g Magerquark
200 g saure Sahne
1 EL Mehl &
4 EL Öl
Salz
Pfeffer

Außerdem
Mehl für die Arbeitsfläche
Butter zum Einfetten des
Backblechs
1-2 EL Schnittlauch-
röllchen

1.

Die Hefe zerbröseln und mit dem Zucker und der Milch (lauwarm) anrühren. Das Mehl in eine Schüssel sieben, eine Mulde in das Mehl drücken, die Hefemischung in diese Mulde geben und das Ganze etwa ½ cm hoch mit Mehl bedecken. Abgedeckt an einem warmen Ort 25 Minuten gehen lassen. .

2.

Für den Belag den Speck (ohne die Schwarte) in feine Streifen schneiden.
Die Zwiebeln schälen, halbieren und ebenfalls in feine Streifen schneiden.
Den Quark mit der sauren Sahne, Mehl und Öl glatt verrühren und mit Salz und Pfeffer abschmecken. Den Teig mit dem Salz würzen, kräftig durchkneten und weitere 30 Minuten gehen lassen. Den Backofen auf 250 °C vorheizen.

3.

Den Teig auf der bemehlten Arbeitsfläche hauchdünn ausrollen und danach auf ein mit Butter eingefettetes Backblech legen. Den Teig mit der Quarkcreme bestreichen und mit den Speck- und Zwiebelstreifen belegen. Im Backofen etwa 15 Minuten backen lassen. Aus dem Ofen nehmen, in Portionen schneiden, mit Schnittlauchröllchen bestreuen und mit einem Weißwein servieren.

Tipp:
Probieren Sie den Flammkuchen einmal mit einem süßen Belag, etwa mit Äpfeln, Zucker und Zimt.

Pfälzer Leberwurstsalat

Zubereitungszeit:
20 Minuten
Kochzeit:
25 Minuten

Einkaufsliste

500 g Kartoffeln
1 Salatgurke
3 Fleischtomaten
2 Schalotten
250 g Pfälzer Hausmacher
Leberwurst

Für die Marinade

4 EL Weinessig
1 TL scharfer Senf
3 EL gehackte Dillspitzen
1 TL fein gehackter
Liebstöckel
Salz
Pfeffer

1.

Die Kartoffeln waschen und wie gewohnt in der Schale zu Pellkartoffeln gar kochen.
In dieser Zeit die Salatgurke schälen und mit Hilfe des Gurkenhobels in Scheiben hobeln. Die Tomaten mit kochendem Wasser begießen, die Haut abziehen, quer halbieren und die Kerne entfernen. Das Fruchtfleisch in grobe Würfel schneiden.

2.

Die Schalotten schälen und in sehr feine Würfel schneiden. Die Pellkartoffeln abgießen, kalt abspülen, schälen und noch warm in Scheiben schneiden.
Die Zutaten für die Marinade vermischen.
Alle Zutaten (außer der Leberwurst) in eine Schüssel geben und miteinander vermischen. Die kalte Leberwurst in Scheiben schneiden und vorsichtig unterheben.

3.

Die Marinade über den Salat gießen und etwas durchziehen lassen. Den Pfälzer Leberwurstsalat mit einem herzhaften Brot und einem gut gekühlten Glas Wein servieren.

Feldsalat

1.

Den Feldsalat unter fließendem Wasser abspülen und gut abtropfen lassen. Den Feldsalat verlesen und auf flachen Tellern portionieren. Die Schalotte schälen und in feine Würfel schneiden und über dem Salat verteilen.

2.

Den Speck (ohne Schwarte) in kleine Würfel schneiden und in einer Pfanne ohne Zugabe von Fett kross braten. Das Brot in Würfel schneiden und diese in dem heißen Speckfett anrösten. Aus Öl, Weißweinessig, Pfeffer und Salz eine Marinade anrühren, über den Salat gießen und die heißen Speck- und Brotwürfel darüber verteilen. Sofort servieren.

Für 4 Personen

Zubereitungszeit: 10 Minuten
Bratzeit: etwa 4 Minuten

Einkaufsliste

300 g Feldsalat
1 Schalotte
150 g Speck
2 Scheiben altbackenes
Weißbrot
3 EL Öl
2 EL Weißweinessig
Pfeffer
Salz

Tipp:
Damit die zarten Salatblätter keinen Schaden nehmen, sollten Sie diese am besten auf Küchenkrepp abtropfen lassen.

Eiersalat

Für 4 Personen

Zubereitungszeit: 15 Minuten
(ohne Wartezeit)
Kochzeit: 10 Minuten

Einkaufsliste

6 Eier
1 kleine Zwiebel
4 EL Öl
3 EL milder Essig
½ TL Senf
1 Prise Zucker
2 EL Wein
Salz
Pfeffer
Zitronensaft
1 EL Schnittlauchröllchen

1.

Die Eier mit einem Eierpiekser einpieksen und in ausreichender Menge Wasser in etwa 10 Minuten hart kochen. Die Zwiebel schälen und in kleine Würfel schneiden.

Die Eier abgießen, kalt abschrecken und schälen. Die Eier halbieren, das Eigelb herauslösen und durch ein feines Sieb streichen. Das Eiweiß in feine Würfel schneiden.

2.

Zuerst aus Öl, Essig, Senf, Zucker, Wein, Salz, Pfeffer und Zitronensaft eine Marinade rühren und anschließend mit dem Eigelb glattrühren. Alle Zutaten in eine Schüssel geben, gut miteinander vermischen und etwa 10 Minuten ziehen lassen. Abschließend die Schnittlauchröllchen darüber streuen. Den Eiersalat mit einem würzigen Brot und mit einem gut gekühlten Glas trockenen Weißwein servieren.

Tipp:
Dieses Gericht schmeckt auch hervorragend zu Pellkartoffeln. Hierbei die Menge anpassen.

Spargelsalat

1.

Den Spargel schälen, waschen, in etwa 4 cm lange Stücke schneiden und in Salzwasser etwa 15-20 Minuten bissfest gar kochen. Anschließend abgießen, abtropfen und in einer Schüssel abkühlen lassen.

2.

Die Eier pellen, in Scheiben schneiden und den Schinken in Streifen schneiden. Beides zu den Spargelstückchen geben. Die Zutaten für die Salatsauce miteinander verrühren, über den Spargel geben und untermengen. Mit den Schnittlauchröllchen bestreut servieren.

> **Tipp:**
> Sie können den Spargelsalat auch mit grünem Spargel zubereiten. Das erspart das lästige Spargelschälen.

Für 4 Personen
Zubereitungszeit: 20 Minuten
Kochzeit: 15-20 Minuten

Einkaufsliste
1 kg weißer Spargel
Salz
4 hartgekochte Eier
250 g gekochter Schinken

Für die Salatsauce
2-3 EL Weißweinessig
2 EL Öl
2 EL Sahne
Salz
Pfeffer
1 TL Senf
1 EL Schnittlauchröllchen

„WWW" – Weck, Wurst & Wein

Für 4 Personen
Zubereitungszeit:
3 Minuten

Einkaufsliste
Fleischwurst
(pro Person
etwa ½ Ring),
in Scheiben geschnitten
Brötchen
(je nach Hunger 1-2 pro
Person)
Butter
Wein
(Menge nach Belieben)

Die Brötchen aufschneiden, etwas buttern und mit den Wurstscheiben belegen.

Ganz schä kompliziert, ihr Leit!

 Tipp:
Diesen Pfälzer „Traditionsimbiss" kann man, wenn man sehr hungrig ist, essen, indem man einfach das Brötchen in die eine Hand und in die andere Hand ein ordentliches Stück Wurst nimmt und abwechselnd abbeißt. Den Wein können Sie selbst wählen: Da richtet sich die Menge und auch die Rebsorte nach dem eigenen Geschmack.

Pfälzer Leberwurst

1.

Die Gemüsezwiebeln schälen und in grobe Stücke schneiden. Das Fleisch waschen, trockentupfen und ebenfalls in grobe Stücke schneiden. Das Fleisch und etwa ein viertel der Zwiebelstücke in einen ausreichend großen Topf geben und mit so viel Wasser auffüllen, das alles gerade bedeckt ist. Zum Kochen bringen, bei mäßiger Hitze etwa 30 Minuten köcheln und anschließend in dem Kochsud erkalten lassen.

2.

Die Leber waschen und trockentupfen und in Stücke schneiden. Das Schweinefleisch aus der Flüssigkeit nehmen und mit der gekochten sowie den rohen Zwiebeln, Speckwürfeln und der Leber durch die feine Scheibe des Fleischwolfes drehen.

3.

Diese Masse in eine Schüssel geben und mit den Gewürzen mischen. Anschließend langsam etwa 10 große Schöpfkellen der Fleischbrühe dazugeben und gut vermischen. Dabei beachten, dass die Masse nicht zu flüssig wird. Noch einmal mit den Gewürzen abschmecken. Den Backofen auf 150 °C vorheizen.

4.

Die Leberwurst etwa 1-2 cm unter den Glasrand der vorbereiteten Schraubgläser füllen, auf ein mit Wasser aufgefülltes Backblech stellen und im Backofen etwa 75 Minuten garen lassen. Den Backofen ausschalten und die Gläser im Ofen abkühlen lassen, erst danach herausnehmen. Die Pfälzer Hausmacher Leberwurst schmeckt besonders gut auf einem herzhaften Brot.

Für 4 Personen

Zubereitungszeit:
40 Minuten
Kochzeit:
1 Stunde und 45 Minuten

Einkaufsliste

2 Gemüsezwiebeln
550 g Schweinefleisch (mager)
250 g geräucherter Speckwürfel
450 g Rinderleber
3 EL Salz
1 EL Pfeffer
3 EL Majoran

Außerdem:
Etwa 10 Schraubgläser mit Deckel

23

Dampfnudeln

Für 4 Personen

Zubereitungszeit:
10 Minuten
Kochzeit: 5 Minuten

Einkaufsliste
Für den Teig

500 g Weizenmehl
310 ml Milch
20 g Frischhefe
5 g Salz

Zum Kochen

1 EL Schmalz
½ EL Butter
5 g Salz

1.

Für den Vorteig 200 g Mehl mit 200 ml warmer Milch und 0,5 g Hefe mischen. Abgedeckt über Nacht bei Raumtemperatur gehen lassen.

2.

Am Folgetag den Vorteig mit allen anderen Teigzutaten zu einem Teig kneten und diesen anschließend 10 Minuten kräftig auskneten. Erneut 1 Stunde warm stellen und gehen lassen.
Den Teig nochmals durchkneten und 80-90 g schwere Stücke abstechen. Zu runden Kugeln formen und abgedeckt weitere 60 Minuten an einen warmen Ort stellen.

3.

Eine sehr gut beschichtete (oder gusseiserne) Pfanne mit Glasdeckel etwa 1 cm hoch mit Wasser füllen, Schmalz, Butter und Salz zugeben und auf höchster Stufe aufkochen lassen. Sobald das Wasser kocht, die Teigkugeln eng anliegend in die Pfanne setzen und den Glasdeckel schließen.

4.

Das Ganze 3 Minuten auf höchster Stufe kochen lassen. Weitere 15 Minuten auf mäßiger Hitze kochen. Das Wasser sollte nach dieser Zeit vollkommen verdunstet sein. Auch am Deckel sollte sich kein Wasser mehr befinden.
Den Deckel vorsichtig hochheben und schnell wegziehen, damit kein Wasser vom Deckel auf die Dampfnudeln tropft.
Dazu ein frisches Brot und ein Bier servieren. Die Dampfnudeln sollten an der Unterseite eine knusprige, braune Kruste gebildet haben.

Nordpfälzer Bergland

Das Nordpfälzer Bergland ist eine Mittelgebirgs-Region, die die Landschaften Pfälzerwald, Naturpark Saar-Hunsrück, Naheland und Rheinhessen verbindet und die zum größten Teil in der Pfalz liegt. Dieses Gebiet ist stark landwirtschaftlich geprägt und in den kleinen Städten leben jeweils nicht mehr als 10.000 Einwohner. Zahlreiche Hügel und Täler durchziehen das Nordpfälzer Bergland und verleihen diesem Landstrich unterschiedliche Höhenlagen von rund 200 bis über 600 Metern.
Der größte Berg dieser Region ist der Donnersberg, der im rheinland-pfälzischen Donnersbergkreis liegt. Er hat einen Durchmesser von 7 km und mit seinen 686 Metern erhebt er sich schon von weitem sichtbar und bestimmt das Landschaftsbild. Das Bergmassiv trägt mehrere Kuppen, die höchste Erhebung heißt Königstuhl. Der Berg ist bewaldet und Heimat vieler wildlebender Tiere, wie Wildschwein, Reh, Fuchs und Hase. Auch das Europäische Mufflon ist hier anzutreffen.
Der Donnersberg liefert aber auch Zeugnis keltischen Lebens.
Auf seinem Hochplateau befinden sich Reste einer keltischen Ringwallanlage, die mit insgesamt 8,5 Kilometer Länge eine der größten nördlich der Alpen war. Funde wie schmiedeeiserne Werkzeuge, Waffen, Trinkgefäße und Schmuck aus jener Zeit berichten vom Leben in einer keltischen Stadt. Hier waren Handwerker, Künstler, Bauern und Händler zu Hause.

Rockenhausen

Rockenhausen ist eine Stadt im Donnersbergkreis in Rheinland-Pfalz und staatlich anerkannter Fremdenverkehrsort. Die Stadt unterhält Städtepartnerschaften zu der französichen Stadt Rognac und zu der Stadt Glubczyce in Polen.

Die Feld-, Wald- und Wiesenregion ist besonders für bewegungsfreudige Menschen von besonderer Anziehungskraft. Die Landschaft rund um Rockenhausen eröffnet hier viele Möglichkeiten zur Bewegung an der frischen Luft.

Das malerische Rockenhausen kann auf eine tausendjährige Vergangenheit zurückblicken und hat viele kulturelle Sehenswürdigkeiten zu bieten. Das überregional bekannte „Museum für Zeit – Pfälzisches Turmuhrenmuseum" lädt Interessierte zu einem Besuch ein. Die zur Zeit technisch modernste und genaueste astronomische Großuhr Europas hat hier ihr Zuhause. Oder man kann in der liebevoll restaurierten Altstadt in dem Museum Pachen eine Sammlung moderner deutscher Kunst des 20. Jahrhunderts bewundern. Weitere Eindrücke aus vergangener Zeit vermittelt das Nordpfälzer Heimatmuseum. Darüber hinaus bietet die Stadt noch weitere Museen und Sehenswürdigkeiten.

Paläontologen fanden hier gut erhaltene, bis zu drei Meter lange Fossilien von Süßwasserhaien aus der Rotliegend-Zeit (Perm).

Kirchheimbolanden

In Kirchheimbolanden, eine Kleinstadt, bzw. Kreisstadt des Donnerbergkreises, die von den Einheimischen liebevoll "Kibo" oder "Kerchem" genannt wird, leben heute etwa 7800 Menschen.

Viele Bauwerke (darunter zahlreiche Kavaliershäuser), unzählige Denkmäler und Kirchen schmücken das Panorama der Stadt.

Das Stadtbild wird geprägt durch eine etwa acht Meter hohe, teilweise restaurierte mittelalterliche Stadtmauer an der Süd- und Westseite der Altstadt.

Die bekannteste Sehenswürdigkeit der Stadt ist die Mozartorgel in der Paulskirche. Auf ihr spielte der außergewöhnliche Musiker als junger Mann, als er im Jahre 1778 am damaligen Hof der Nassau-Weilburger zu Besuch war. Das von Johann Michael Stumm erbaute Instrument ist eine der besterhaltenen Barockorgeln Deutschlands.

Bei dem im zweijährigen Rhythmus (in der Fronleichnamswoche) stattfindenden Kerschemer Bierfest bieten zahlreiche Brauereien über 60 Biersorten zur Verkostung an. Zudem zieht Sonntags ein großer Umzug durch die Straßen der Stadt.

Jedes Jahr am zweiten Augustwochenende lädt das Residenzfest hinter die Mauern Kirchheimbolandens ein. Hier werden den Besuchern in sogenannten Hoflauben allerlei kulinarische Köstlichkeiten angeboten. Der Christkindlmarkt in der Kirchheimbolandener Altstadt lockt Besucher am zweiten Adventwochende an. Vereine, Hobbykünstler und Schausteller präsentieren ein abwechslungsreiches Angebot an unterschiedlichsten Waren aller Art. Jährlich finden am zweiten Sonntag im Mai ein Maimarkt und am zweiten Sonntag im Oktober ein Oktobermarkt statt.

Eisenberg

Das bereits von den Römern besiedelte Eisenberg liegt in der Nordpfalz im Südosten des Donnersbergkreises. Ihren Namen verdankt die Stadt der Eisengewinnung in früheren Zeiten. Jedoch war der Abbau von Tonmineralien noch bedeutender und immer noch wird Klebsand aus einem Lockersediment gewonnen. Der Eisenberger Klebsand, mit besonders gutem Haftvermögen, gilt als reinster Klebsand der Welt.

Eisenberg unterhält Städtepartnerschaften zu der französischen Stadt Sanvignes-les-Mines in Burgund und der englischen Stadt Baldock in der Grafschaft North Hertfordshire.

Durch die Stadt fließt von Südwest nach Nordost der Eisbach, der nach etwa 30 Kilometern bei Worms in den Rhein mündet. Nördlich von Steinborn, einem Ortsteil von Eisenberg, befindet sich mit der Helincheneiche (eine etwa 12 Meter hohe und etwa 500 Jahre alte Drillingseiche) ein bedeutendes Naturdenkmal. Die Liste der Kulturdenkmäler der Stadt ist lang und lädt Besucher zu Besichtigungstouren ein.

Besondere Sehenswürdigkeiten bietet das Heimatmuseum Haus Isenburg mit zahlreichen Fundstücken der Ausgrabungen aus dem römischen Vicus (Bezeichnung eines Stadtviertels oder einer Siedlung der römischen Antike) darunter auch eine Kopie des in Eisenberg gefundenen Eisenberger Brotstempels (der kleine, nur 5,2 mal 4,2 cm große Stein diente zum Prägen des Abendmahlbrotes).

Burgruinen Eisenberg

Suppen, Eintöpfe und andere „Deftigkeiten"

„Etwas Warmes braucht der Mensch"! Das lässt sich am besten mit einer köstlichen Suppe oder einem herzhaften Eintopf „bewerkstelligen". Die „Pfälzer Suppen" sind deftig und besonders schmackhaft. Leberknödelsuppe, Linsensuppe, Weinsuppe und Grüne Bohnensuppe schmecken köstlich und man füllt sich gerne den Teller ein zweites Mal.

Grumbeersupp

Zubereitungszeit:
30 Minuten
Kochzeit: 30 Minuten

Einkaufsliste

1,5 kg Kartoffeln
1 Lauchstange
¼ Sellerieknolle
1 Möhre
2 L Fleischbrühe
250 ml Schlagsahne
Salz
Pfeffer
4 Mettwürste
1 Zwiebel
2 Scheiben Weißbrot
2 EL Butter

1.

Die Kartoffeln schälen, waschen und in Würfel schneiden. Lauch, Sellerie und Möhre putzen, waschen und ebenfalls in kleine Würfel schneiden.

2.

Die Fleischbrühe in einem Topf zum Kochen bringen und Kartoffeln und Gemüse darin in 30 Minuten bei mittlerer Hitze köcheln lassen. Die Sahne zufügen und die Suppe mit Salz und Pfeffer abschmecken, anschließend mit dem Handmixer fein pürieren. Die Suppe auf kleiner Hitze warm halten und die Mettwürste darin erhitzen.

3.

Die Zwiebel schälen, fein hacken, das Weißbrot in kleine Würfel schneiden. Die Butter in einer Pfanne erhitzen und Zwiebel und Weißbrot darin goldgelb anrösten. Die Suppe mit den Würsten in eine Suppenterrine füllen und die Zwiebel- Brotmischung darüber geben. Sofort heiß servieren.

Tipp:

Sie können die Kartoffelsuppe, traditionell wie in der Pfalz üblich, mit Zwetschgenkuchen als „Grumbeeresupp un Quetschekuche" essen. Guten Appetit!

Rindfleischsuppe „Zweibrücken"

1.

Das Fleisch und die Knochen gründlich waschen. Das Suppengrün ebenfalls waschen, putzen, ggf. schälen und in Stücke schneiden. Das Fleisch mit den Knochen, Salz und Pimentkörnern in etwa 1 Liter kaltem Wasser aufsetzen und zum Kochen bringen. Das Ganze etwa 1 Stunde leise köcheln lassen.

2.

Dann das Suppengrün und die geschälte Zwiebel dazugeben und weitere 30 Minuten köcheln lassen.
Das Fleisch und die Knochen aus der Brühe nehmen und beiseite stellen. Die Suppe durch ein Sieb passieren, das Suppengrün entfernen. Das Fleisch in Würfel schneiden und zurück in die Suppe geben. Mit Salz und Pfeffer abschmecken. Die heiße Suppe in eine Suppenterrine füllen und mit der Petersilie bestreut servieren.

Tipp:
Wenn Sie mögen, können Sie die Suppe auch mit gekochten Suppennudeln, Mark- oder Grießklößchen servieren.

Für 4 Personen
Zubereitungszeit:
25 Minuten
Kochzeit: 1 Stunde 45 Minuten

Einkaufsliste
600 g Suppenfleisch vom Rind
300 g Rinderknochen
1 Bund Suppengrün (Möhre, Sellerie, Lauch)
Salz
4 Pimentkörner
1 kleine Zwiebel
1 Tomate
Pfeffer
2 EL gehackte Petersilie

Zwiwwelsupp

Für 4 Personen

Zubereitungszeit:
30 Minuten
Kochzeit: 30 Minuten

Einkaufsliste

300 g Zwiebeln
50 g Butter
2 EL Mehl
Pfeffer
1,5 L Fleischbrühe
100 ml trockener Weißwein
Salz

1.

Die Zwiebeln schälen und in feine Ringe schneiden. Die Butter in einem hohen Topf auslassen und die Zwiebelringe darin glasig andünsten. Die Zwiebeln mit Mehl bestäuben und unter Rühren leicht anbräunen. Mit Pfeffer würzen und nach und nach die Brühe und den Wein angießen. Mit Salz abschmecken und bei mäßiger Hitze etwa 30 Minuten köcheln lassen.

2.

Die Zwiebelsuppe in tiefe Teller füllen und heiß mit Weißbrot und dem Wein, der auch zum Kochen verwendet wurde, servieren.

Tipp:
Besonders lecker schmeckt die Suppe, wenn Sie diese in Suppentassen portionieren, mit Käse bestreuen und im Backofen gratinieren lassen.

Grüne Bohnensuppe

Für 4 Personen

Zubereitungszeit:
30 Minuten
Kochzeit: 55 Minuten

Einkaufsliste

750 g Grüne Bohnen
1 Zweig Bohnenkraut
700 g Kartoffeln
200 g Speck
2 EL Mehl
Salz
Pfeffer

1.

Die Bohnen waschen, putzen und klein schneiden. In einem Topf etwa 1,5 Liter Salzwasser zum Kochen bringen und die Bohnen darin mit dem Bohnenkraut etwa 30 Minuten garen lassen.

2.

Zeitgleich die Kartoffeln schälen, waschen, in Stücke schneiden und in Salzwasser etwa 25 Minuten gar kochen lassen. Abgießen und zu Kartoffelpüree stampfen.

3.

Den Speck (ohne Schwarte) in Stücke schneiden, in einer Pfanne ohne Fettzugabe auslassen, mit Mehl bestäuben und mit etwas Brühe (von den Bohnen) ablöschen. Speck und Kartoffelbrei zu den Bohnen geben, kurz aufkochen und mit Salz und Pfeffer abschmecken. Die Suppe in tiefe Teller füllen und mit einem kräftigen Bauernbrot heiß servieren.

Tipp:

Für den großen Hunger können Sie zu dieser Suppe auch noch heiße Siedewürste servieren.

Dicke Bohnensuppe

1.

Die Bohnen in ein Sieb geben, kalt abspülen und in 1,5 Liter kaltem Wasser über Nacht einweichen. Am Folgetag die Bohnen mit dem Einweichwasser in einen hohen Topf geben. Dicke Rippe kalt abspülen, mit der gekörnten Brühe zu den Bohnen geben, zum Kochen bringen und etwa 55 Minuten bei geschlossenem Deckel und bei mittlerer Hitze kochen lassen.

2.

Währenddessen die Kartoffeln schälen, waschen und in kleine Würfel schneiden. Die Lauchstange von den Außenblättern befreien, putzen, die Stange längs halbieren, gründlich waschen und abtropfen lassen. Die Möhren und Knollensellerie schälen, waschen und abtropfen lassen. Zwiebeln schälen und mit Möhren und Lauch in Würfel schneiden.

3.

Das Gemüse und die Kartoffeln zu dem Fleisch geben, zum Kochen bringen und etwa 10 Minuten mit Deckel kochen. Dann die Mettwürstchen hinzufügen und alles weitere 10 Minuten mit Deckel kochen.

4.

Fleisch und Wurst aus der Suppe nehmen, in mundgerechte Stücke schneiden und zurück in die Suppe geben. Die Suppe mit Salz und Pfeffer abschmecken und mit der Petersilie garniert heiß servieren.

Für 4 Personen

Zubereitungszeit:
25 Minuten (ohne Wartezeit)
Kochzeit:
1 Stunde 15 Minuten

Einkaufsliste

250 g getrocknete weiße Bohnen
500 g geräucherte dicke Rippe
2 TL gekörnte Gemüsebrühe
375 g Kartoffeln
1 Lauchstange
3 Möhren
¼ Knollensellerie
2 Zwiebeln
4 geräucherte Mettwürstchen
Salz
Pfeffer
2 EL gehackte Petersilie

Maronensuppe

Für 4 Personen

Zubereitungszeit:
25 Minuten
Kochzeit: 45 Minuten

Einkaufsliste

350 g Maronen
(Esskastanien)
1 Möhre
1 Lauchstange
50 g Butter
2 TL Puderzucker
Salz
Pfeffer
125 ml Weißwein (trocken)
550 ml Fleischbrühe
200 g Sahne
1 EL Schnittlauchröllchen

1.

Die Maronen von der äußeren, harten Schale befreien, waschen und in Wasser etwa 10 Minuten abkochen. Abgießen, mit kaltem Wasser abschrecken und abkühlen lassen. Die dünnen Häutchen mit einem Küchentuch abreiben. Einige Maronen halbieren und beiseite stellen. Die restlichen Esskastanien in kleine Stücke schneiden. Die Möhre schälen, waschen und in kleine Stücke schneiden. Die Lauchstange von den äußeren Blättern befreien, putzen, waschen und ebenfalls in kleine Stücke schneiden.

2.

Die Butter in einem Topf erhitzen, die Maronen dazugeben, mit Puderzucker bestäuben und leicht karamellisieren lassen. Das Gemüse dazugeben und kurz andünsten. Mit Salz und Pfeffer würzen und mit dem Weißwein ablöschen. Das Ganze etwa 15 Minuten garen. Die heiße Fleischbrühe angießen, die Sahne dazugeben und weitere 15 Minuten köcheln.

3.

Die Suppe mit einem Handmixer fein pürieren und eventuell mit Salz und Pfeffer abschmecken. Die Maronensuppe in Suppenteller füllen, die halbierten Maronen zugeben und mit Schnittlauchröllchen garniert heiß servieren.

Tipp:
Ein spektakulärer Auftritt vor Ihren Gästen gelingt mit einer leckeren Brotschale. Diese sind im Fachhandel erhältlich - oder Sie bestellen die Brotschalen bei Ihrem Bäcker vor.

Herzhafte Pfälzer Brotsuppe

Für 4 Personen

Zubereitungszeit:
25 Minuten
Kochzeit: 15 Minuten

Einkaufsliste

300 g Roggenbrot
1 Bund Suppengrün (Möhre,
Sellerie, Lauch)
1 Zwiebel
2 Knoblauchzehen
90 g Pfälzer Leberwurst
2 EL Butterschmalz
1,5 L Fleischbrühe
¼ TL gemahlener Kümmel
¼ TL Majoran (getrocknet)
Pfeffer
2 EL Schnittlauchröllchen

1.

Das Brot in kleine Würfel schneiden. Das Suppengrün putzen, schälen, waschen und ebenfalls in kleine Stücke schneiden. Die Zwiebel schälen und in kleine Würfel schneiden. Knoblauch pellen. Die Leberwurst ebenfalls in Würfel schneiden.

2

Das Butterschmalz in einem Topf erhitzen. Das Gemüse und die Zwiebel darin anschwitzen. Die Brot- und Wurstwürfel dazugeben und mit der heißen Brühe ablöschen. Knoblauch durch die Knoblauchpresse pressen und dazu geben.

3.

Die Gewürze unterrühren und die Suppe etwa 15 Minuten köcheln lassen. Dabei hin und wieder umrühren, die Suppe setzt sonst am Boden an. Die Suppe in eine Suppenterrine füllen und die Schnittlauchröllchen darüber geben, sofort heiß servieren. Dazu einen fruchtigen, gut gekühlten Weißwein reichen.

Winzertopf

1.

Das Rindfleisch waschen, trockentupfen und in mundgerechte Würfel schneiden. Die Zwiebel schälen und in Würfel schneiden. Kartoffeln schälen, waschen und in Würfel schneiden. Den Weißkohl putzen, halbieren, den Strunk entfernen, in Streifen schneiden, waschen und abtropfen lassen. Möhren schälen, waschen und in Würfel schneiden. Die Lauchstange von den äußeren Blättern befreien, putzen, halbieren, in kleine Stücke schneiden, waschen und abtropfen lassen.

2

Das Butterschmalz in einem weiten Topf erhitzen und die Fleischstücke darin anbraten. Zwiebel dazugeben und goldgelb anrösten. Das Ganze mit dem Rotwein ablöschen. Den Backofen auf 180 °C vorheizen.

3.

Sämtliches Gemüse mit den Gewürzen zugeben, mit der Fleischbrühe aufgießen und für 60 Minuten im Backofen bei geschlossenem Deckel schmoren lassen. Eventuell etwas Flüssigkeit (Brühe oder Wasser) zufügen. Vor dem Servieren die Petersilie darüber streuen und den Winzertopf „rustikal" im Topf zu Tisch bringen. Dazu kann man den Rotwein, der auch zum Kochen benutzt wurde, servieren.

Für 4 Personen

Zubereitungszeit:
30 Minuten
Kochzeit: 60 Minuten

Einkaufsliste

500 g Rindfleisch
1 Zwiebel
600 g Kartoffeln
1 kleiner Weißkohl
(etwa 400 g)
3 Möhren
1 Lauchstange
2 EL Butterschmalz
150 ml Rotwein
(halbtrocken)
Pfeffer
Salz
1 Lorbeerblatt
1 L Fleischbrühe
2 EL gehackte Petersilie

pfälzer Graupentopf

Für 4 Personen

Zubereitungszeit:
30 Minuten
Kochzeit: 55 Minuten

Einkaufsliste

1 geräucherte Entenbrust
200 g geräucherter
Schweinebauch
4 Kartoffeln
2 kleine Möhren
½ Sellerieknolle
1 Lauchstange
1 Zweig Liebstöckel
2 L Fleischbrühe
1 ½ Tassen Graupen
Salz
Pfeffer
1 Prise Zucker
1 Prise Muskat
1 EL Butter
½ EL Mehl

1.

Die Entenbrust und den Schweinebauch in dünne Scheiben schneiden.
Die Kartoffeln schälen, waschen und in grobe Würfel schneiden.
Möhren und Sellerie putzen, schälen, waschen und in feine Würfel schneiden. Die Lauchstange von den äußeren Blättern befreien, putzen, halbieren, in kleine Stücke schneiden, waschen und abtropfen lassen. Liebstöckel abspülen und trockenschütteln.

2.

Die Fleischbrühe in einem Topf zum Kochen bringen, die Graupen in die Brühe geben und aufkochen. Das Gemüse, den Schweinebauch und den Liebstöckelzweig zufügen. Das Ganze bei mittlerer Hitze etwa 55 Minuten köcheln lassen.

3.

Den Liebstöckelzweig entfernen. Eintopf mit Salz, Pfeffer, etwas Zucker und Muskat abschmecken. Die Butter in einer kleinen Pfanne auslassen, Mehl hinein rühren und leicht braun anschwitzen.
Den Eintopf mit der Mehlschwitze andicken, kräftig durchrühren.
Den Pfälzer Graupentopf in tiefe Tellern füllen und mit den Entenbrustscheiben belegt servieren.

Leberknödelsuppe

1.

Die Brötchen in dünne Streifen schneiden, mit heißer Milch begießen und beiseite stellen. Die Leber von allen Häuten befreien, waschen, trockentupfen und durch den Fleischwolf drehen. Die Zwiebel schälen und in feine Würfel schneiden.

2.

Die Butter in einer Pfanne erhitzen und die Zwiebelwürfel darin anschwitzen und die Petersilie kurz unterziehen. Das Ganze mit der Leber, den Gewürzen, den Eiern und dem Mehl mischen und zum Schluss die Brötchen unterarbeiten. Mit feuchten Händen einen Probekloß formen und in kochendem Salzwasser garen. Fällt der Probekloß auseinander, muss noch etwas Mehl in die Masse gegeben werden. Hat der Kloß die richtige Konsistenz, die restliche Knödel formen und im Salzwasser bei geringer Hitze etwa 20 Minuten garen. In einem zweiten Topf die Fleischbrühe kurz aufkochen.

3.

Die Knödel mit einem Schaumlöffel vorsichtig aus dem Salzwasser heben, in eine vorgewärmte Schüssel geben, mit der heißen Fleischbrühe übergießen und mit den Schnittlauchröllchen garniert heiß servieren.

Für 4 Personen

Zubereitungszeit:
20 Minuten
Kochzeit: 25 Minuten

Einkaufsliste

4 altbackene Brötchen
125 ml Milch
250 g Rinderleber
1 Zwiebel
30 g Butter
1 EL gehackte Petersilie
Salz
Pfeffer
Majoran
½ TL abgeriebene
Zitronenschale
2 Eier
40 g Mehl
1 L Fleischbrühe
1 EL Schnittlauchröllchen

43

Weinsuppe

Für 4 Personen

Zubereitungszeit:
15 Minuten
Kochzeit: 15 Minuten

Einkaufsliste

50 g Zucker
¼ Schale einer unbehandelten Zitrone
1 Msp. Zimt
30 g Speisestärke
500 ml Weißwein
2 Eigelbe
125 ml Sahne
Einige Weintrauben

1.

750 ml Wasser mit dem Zucker, der Zitronenschale und dem Zimt in einem Topf zum Kochen bringen. Die Speisestärke mit etwas Wasser glatt rühren und in die Flüssigkeit rühren. Das Ganze kurz aufkochen lassen und den Wein dazugeben.

2.

Die Eigelbe mit der Sahne in einer Schüssel verquirlen und mit etwas Suppe verrühren. Diese Mischung langsam in die Suppe rühren und erhitzen, aber nicht mehr kochen lassen. Die Pfälzer Weinsuppe in Suppentassen füllen und mit den Weintrauben garniert servieren.

Tipp:
An heißen Sommertagen können Sie die Pfälzer Weinsuppe auch kalt servieren.

Linsensuppe

Für 4 Personen

Zubereitungszeit:
15 Minuten
Kochzeit: 50 Minuten

1.

Die Linsen über Nacht in Wasser einweichen. Am Folgetag das Suppengrün putzen, schälen, waschen und in kleine Stücke schneiden. Die Zwiebeln schälen und in kleine Würfel schneiden. Den Speck ebenfalls in kleine Würfel schneiden. Die Kartoffeln schälen, waschen und würfeln.

2.

Die Speck- und die Zwiebelwürfel in einem weiten Topf andünsten. Die Linsen mit dem Einweichwasser hinzugeben und etwa 20 Minuten leise köcheln lassen. Das Suppengrün, die Kartoffeln, das Lorbeerblatt, die Nelken und Pfeffer dazugeben und aufkochen.

3.

Die Hitze reduzieren und die Suppe bei mittlerer Hitze weitere 30 Minuten kochen lassen, abschließend mit Salz abschmecken. Die Linsensuppe in eine Suppenterrine füllen und heiß servieren. Dazu frisches Brot und heiße Würstchen reichen.

Einkaufsliste

400 g Linsen
1 Bund Suppengrün
2 Zwiebeln
100 g gewürfelter
Räucherspeck
4 große Kartoffeln
1 Lorbeerblatt
4 Nelken
Pfeffer
Salz

Tipp:

Sie können die Suppe auch mit Tellerlinsen kochen, das erspart die Einweichzeit.

Westpfalz

Die Westpfalz umfasst den westlichen Teil des Pfälzerwaldes und ist eine Teilregion der Pfalz. Landschaftlich geprägt ist die Region durch einen hohen Anteil an Wald- und Landwirtschaftsflächen, von denen der Pfälzerwald nicht nur in naturräumlicher, sondern auch touristischer Hinsicht eine herausragende Rolle einnimmt.
Die Westpfalz umfasst die Landkreise und die kreisfreien Städte: Landkreis Kaiserslautern, Stadt Kaiserslautern, Landkreis Kusel, Stadt Pirmasens, Landkreis Südwestpfalz und Stadt Zweibrücken.

Westpfälzer Bergland

Kaiserslautern

Die kreisfreie Universitätsstadt Kaiserslautern liegt am nordwestlichen Rand des Pfälzerwaldes im Süden des Landes Rheinland-Pfalz im Kaiserslauterer Becken. Über die Geschichte der Stadt bestehen außerordentlich viele Sagen. Einige davon sind für die Stadt von erheblicher Bedeutung. So ist im Stadtwappen ein Fisch zu sehen, der auf die Sage vom Hecht im Kaiserwoog zurückzuführen ist.

Die sogenannte Sage von Lutrina erzählt von der frommen Frau Lutrina, welche zur Zeit der großen Christenverfolgungen in die Wildnis floh und dort eine Wohnung errichtete, die sie Lutrea nannte. Dies soll Lautern den Namen gegeben haben. Die Stadt verfügt über zahlreiche Sehenswürdigkeiten wie z.B. den Humbergturm, einen Aussichtsturm südlich der Stadt, den Wildpark am Betzenberg und das Fritz-Walter-Stadion auf dem Betzenberg, das als Spielstätte für Heimspiele des 1. FC Kaiserslautern dient.Im Stadtzentrum befindet sich die Gartenschau, die aus der ersten Landesgartenschau in Rheinland-Pfalz hervorging und in der sich die größte Dinosaurier-Ausstellung Europas befindet. Kulturinteressierte kommen in Theatern, Museen und regelmäßig stattfindenden Veranstaltungen auf ihre Kosten.

Landesgartenschau Kaiserslautern
Schaugarten mit Brunnen

Kusel

Kusel, Kreisstadt des Landkreises Kusel und Verwaltungssitz der Verbandsgemeinde Kusel, liegt in Nordpfälzer Bergland. Mit etwa 5000 Einwohnern zählt sie zu den kleinsten Städten in Deutschland und ist staatlich anerkannter Ferienort. An Kultur und Sehenswürdigkeiten hat die Stadt einiges zu bieten. Auch regelmäßige Veranstaltungen, wie z.B. das Hutmacherfest (im Juni) in der Altstadt, locken Besucher an. Besonders interessant ist die Kuseler Herbstmesse (im September), eines der größten Volksfeste der Stadt. Erstmals wurde dieses Fest 1924 veranstaltet und es dauert in der Regel fünf Tage. Die offizielle Eröffnungsfeier durch den amtierenden Bürgermeister findet freitags statt. Auch die Inthronisierung der Kuseline erfolgt an diesem Tag. Die neu gewählte Kuseline wird vorgestellt, eine jährlich gewählte weibliche, einer Weinkönigin vergleichbare, Repräsentationsfigur. Durch ein Feuerwerk findet die Kuseler Herbstmesse immer dienstags den Abschluss.

Zweibrücken

Zweibrücken ist mit 34.000 Einwohnern die kleinste kreisfreie Stadt Deutschlands und liegt unmittelbar an der Grenze zum Saarland. Sie ist Sitz des Pfälzischen Oberlandesgerichts und gliedert sich in 10 Stadtteile und Vororte auf. In der Umgebung Zweibrückens gibt es zahlreiche Wälder, in denen sich auch seltene Baumarten befinden und zum Wandern einladen. Für Interessierte bietet ein ansprechendes Erholungsgebiet viele Möglichkeiten zur Freizeitgestaltung. Besonders Radfahrer kommen in Zweibrücken auf ihre Kosten, dafür sorgt ein gut ausgebautes und weit verzweigtes Radwegenetz. Auch in den zahlreichen Parks der Stadt kann sich der „Bewegungsfreudige" an der Natur erfreuen. So bietet z.B. einer der größten Gärten Europas, der Europa Rosengarten, auf einer Fläche von 50.000 m² 60.000 Rosen in 1500 verschiedenen Sorten ein Erlebnis für Augen und Nase. Ferner bieten Museen, Bibliotheken, Schlösser und Kirchen Besuchern ein reichhaltiges Angebot zur Besichtigung.

Pirmasens

Pirmasens ist eine kreisfreie Stadt und liegt am Westrand des Pfälzerwaldes. Ihr
Name geht wahrscheinlich auf den heiligen Pirminius zurück, der das Kloster in der
nahen Kleinstadt Hornbach gründete. Heute leben in der auf sieben Hügeln gebau-
ten Stadt etwa 40.000 Menschen auf einer Fläche von 61,37 km². Als einzige Stadt
in Rheinland-Pfalz bietet Pirmasens die Voraussetzung zur Durchführung internatio-
naler Messen. Das 1949 erbaute Messegelände wurde damals hauptsächlich für die
in jener Zeit noch sehr gut florierende Schuhindustrie, wodurch die Stadt zur wirt-
schaftlichen Blüte gelangte, aufgebaut. Für Kulturinteressierte gibt es in Pirmasens
einiges zu bestaunen. Museen (Dynamikturm, Schuhmaschinenmuseum,
Westwallmuseum Pirmasens), zahlreiche Ausstellungen und wunderschöne Bauwerke
laden zum Erkunden der Stadt ein. An der frischen Luft findet man Ruhe und
Erholung z.B. in dem größten Park der Stadt, dem Alten Friedhof. In dem dort
befindlichen Carolinensaal finden regelmäßig kulturelle Veranstaltungen statt.
Weitere Parks (Neuffer-Park, Strecktalpark) und das Naherholungsgebiet Eisweiher
laden zu Spaziergängen und zum „Durchatmen" ein.

Blick über Pirmasens

Leckerbissen mit Fleisch

Das wohl bekannteste Pfälzer Gericht ist der Saumagen, zu dessen Zubereitung nicht nur Hausfrauen, sondern sogar Metzger und Köche in Wettbewerben antreten. Von den Pfälzern ebenso geliebt sind Bratwürste, Pfälzer Leberwurst und Blutwurst. Und wie wichtig den Pfälzern ihre Wurst ist, sagt folgender Satz aus: „Vor dem Dorscht und nach dem Dorscht, immer schmeckt die Pfälzer Worscht." Läwwerknepp (Leberknödel) und „Flääschknepp" (Fleischklöße) sind ebenfalls sehr beliebte Speisen und deshalb wichtige Bestandteile der Pfälzer Küche.

Kunschthäwwel-Flääsch

Für 4 Personen

15 Minuten
Kochzeit:
2 Stunden 30 Minuten

Einkaufsliste

2,5 kg gepökelter
Schweinekamm
je 2-3 TL gemahlener
Pfeffer und Piment
5 Zwiebeln
5 Lorbeerblätter
5 ganze Nelken
2 TL Majoran
750 ml trockener Pfälzer
Weißwein

Außerdem
Extra starke Alu-Folie

1.

Den Schweinekamm über Nacht in einer Schüssel mit kaltem Wasser einlegen. Abgießen, abtrocknen und mit Pfeffer und Piment gut einreiben. Die Zwiebeln schälen, halbieren und in dünne Scheiben schneiden.

2.

Die Alu-Folie zu einem Paket formen, etwas größer wählen als der Schweinekamm. Das Rost aus dem Backofen nehmen und den „Alu-Topf" darauflegen. Den Folienboden mit einigen Zwiebelscheiben bedecken, Lorbeerblätter und Nelken darüber verteilen. Das Fleisch hinzugeben, mit den restlichen Zwiebelscheiben zudecken und den gerebelten Majoran darüber streuen. Das Ganze mit dem Weißwein übergießen.

3.

Die Folie fest verschließen. Das Rost mit dem Fleischpaket auf die mittlere Schiene des Backofens einschieben und bei 180 °C etwa 2 bis 2 ½ Stunden garen. Das Fleisch aus dem „Alu-Topf" nehmen, in Scheiben schneiden und den Sud auffangen. Die Fleischscheiben auf einer Fleischplatte anrichten, mit der Petersilie bestreuen und mit dem Fleischsud separat servieren. Dazu Pellkartoffeln oder Schwarzbrot reichen.

Winzergulasch

Für 4 Personen

Zubereitungszeit:
25 Minuten (ohne Wartezeit)
Kochzeit: 40 Minuten

1.

Das Fleisch waschen, trockentupfen, in mundgerechte Stücke (Gulaschgröße) schneiden und mit Weißwein übergießen. Lorbeerblatt, Nelken, Wacholderbeeren, Pfefferkörner, Pimentkörner und die gepellten Knoblauchzehen dazugeben. Zwiebeln, Karotten und Sellerie schälen, putzen, in Stücke schneiden, zugeben und das ganze 2 Tage abgedeckt im Kühlschrank ziehen lassen.

Einkaufsliste

1kg Schweinefleisch
250 ml Weißwein
1 Lorbeerblatt
4 Nelken
10 Wacholderbeeren
15 Pfefferkörner
10 Pimentkörner
5 Knoblauchzehen
2 Zwiebeln
2 Karotten
½ Sellerieknolle
3 EL Öl
Salz
Pfeffer
1 EL Tomatenmark
1 EL Mehlbutter
1 EL gehackte Petersilie

2.

Am Zubereitungstag das Fleisch aus dem Sud nehmen und trockentupfen. Den Sud durch ein Sieb gießen und auffangen. Das Gemüse wird nicht weiter benötigt.
Das Öl in einem Bräter erhitzen und das Fleisch darin scharf anbraten, mit Salz und Pfeffer würzen. Das Tomatenmark zugeben und etwas anrösten. Das Ganze mit dem aufgefangenen Sud ablöschen und mit Wasser auffüllen bis das Fleisch bedeckt ist. Bei mittlerer Hitze etwa 40 Minuten garen lassen.

3.

Das Gulasch mit der Mehlbutter etwas binden und mit der Petersilie garnieren. Als Beilage Bandnudeln und Gemüse der Saison servieren.

Rinderlende mit Meerrettichsoße

Für 4 Personen

Zubereitungszeit:
20 Minuten
Kochzeit: 1 Stunde

Einkaufsliste

1 kg Rinderlende
Salz
Pfeffer
2 EL Öl
130 g Butter
2 Zwiebeln
250 ml Fleischbrühe
2 saure Äpfel
4 EL geriebener Meerrettich
1 TL Senf
4 EL saure Sahne
1 EL Mehl
Zitronensaft
2 EL Preiselbeeren

1.

Das Fleisch waschen, trockentupfen und von den Fettresten befreien. Mit Salz und Pfeffer einreiben. Die Zwiebeln schälen und in Ringe schneiden. Die Äpfel waschen, schälen, vom Kerngehäuse befreien und in kleine Würfel schneiden.

2.

Das Fleisch mit dem Öl einreiben und in einem Topf mit 125 g ausgelassener Butter von allen Seiten anbraten. Die Zwiebeln dazugeben und kurz anrösten, nach und nach die Fleischbrühe zugießen und bei schwacher Hitze 50 Minuten garen lassen.

3.

Die Apfelstücke in der restlichen Butter andünsten und mit dem Meerrettich, dem Senf und dem mit der Sahne vermischten Mehl kurz vor Ende der Garzeit zum Fleisch geben.

4.

Die Preiselbeeren zugeben, alles mit Zitronensaft abschmecken und noch heiß zu Tisch bringen. Dazu frische Salzkartoffeln reichen.

Zwiwwelflääsch

1.

Das Fleisch waschen, trockentupfen und in mundgerechte Stücke schneiden. Die Zwiebeln schälen und in feine Scheiben schneiden.

2.

Das Butterschmalz in einem Bräter erhitzen und die Zwiebelscheiben darin anschwitzen. Das Fleisch zufügen und anbraten. Mit Salz und kräftig mit Pfeffer würzen.

3.

Das Bier angießen, Thymianzweig, Senf, Tomatenmark und geriebenes Schwarzbrot zugeben und alles bei geschlossenem Deckel etwa 1 Stunde bei schwacher Hitze schmoren lassen. Das Zwiebelfleisch eventuell mit Salz und Pfeffer abschmecken, in eine Servierschüssel füllen, mit der Petersilie garnieren und mit Kartoffelklößen servieren.

Tipp:
Verwenden Sie beim Zwiebelschneiden unbedingt ein scharfes Messer. So tritt weniger Zwiebelsaft aus, wodurch das Zwiebelschneiden weniger „tränenreich" ausfällt.

Für 4 Personen

Zubereitungszeit: 25 Minuten
Kochzeit: 1 Stunde 10 Minuten

Einkaufsliste

750 g Rindfleisch (aus der Hüfte)
500 g Zwiebeln
3 EL Butterschmalz
Salz
Pfeffer
500 ml Bier
1 Zweig Thymian
1 TL Senf
1 TL Tomatenmark
1 EL geriebenes Schwarzbrot
1 EL gehackte Petersilie

Pälzer Flääschknepp

Für 4 Personen

Zubereitungszeit:
25 Minuten
(ohne Wartezeit)
Kochzeit: 20 Minuten

Einkaufsliste

2 altbackene Brötchen
750 g Hackfleisch (gemischt,
Rind/Schwein)
3 Eier
Salz, Pfeffer
etwas Muskatnuss, Kümmel,
Majoran, jeweils gemahlen
1 EL gehackte Petersilie
1,5 L Fleischbrühe
2 EL Schnittlauchröllchen

1.

Die Brötchen in Wasser einweichen. Das Hackfleisch in eine Schüssel geben, die Brötchen gut ausdrücken und zu dem Fleisch geben. Die Eier aufschlagen, zu dem Fleisch geben und alles mit Salz, Pfeffer, Muskatnuss, Kümmel, Majoran und Petersilie würzen.

2.

Die Masse gut vermischen und im Kühlschrank etwa 1 Stunde ziehen lassen. Mit feuchten Händen etwa eigroße Klöße formen. In einem weiten Topf die Fleischbrühe erhitzen und die Klöße in der siedenden Brühe garen lassen. Steigen sie an die Oberfläche, sind sie gar. Die Pfälzer Flääschknepp aus dem Sud heben, abtropfen lassen und mit frischem Kartoffelpüree servieren.

Tipp:
Sie können die Flääschknepp auch in der Fleischbrühe servieren. Sogar am nächsten Tag kann dieses köstliche Fleischgericht kalt und in Scheiben geschnitten zu einem kräftigen Bauernbrot serviert werden.

Kalbsbraten Speyerer Art

Für 4 Personen
Zubereitungszeit:
15 Minuten
Kochzeit: 1 Stunde

Einkaufsliste

1 kg Kalbsbraten
(Rücken oder Keule)
Salz
Pfeffer
50 g Butter
50 g Speckscheiben
125 ml saure Sahne
125 ml Riesling
1 EL Mehlbutter
1 EL gehackte Petersilie

1.

Das Fleisch waschen, trockentupfen und von allen Sehnen und evtl. vorhandenen Häuten befreien. Mit Salz und Pfeffer einreiben und von allen Seiten mit der Butter bestreichen. Das vorbereitete Fleisch mit den Speckscheiben belegen.

2.

Den Braten auf die Fettpfanne des Backofens legen und bei 200 °C 1 Stunde im Backofen garen lassen. Nach etwa 40 Minuten 250 ml heißes Wasser angießen. Etwa 15 Minuten vor Ende der Garzeit die saure Sahne und den Wein zugeben. Den Braten einmal wenden.

3.

Den Braten aus dem Ofen nehmen und unter Alufolie warm halten. Die Fleischsauce in einen Topf geben, aufkochen und mit der Mehlbutter binden. Das Fleisch mit einem scharfen Messer in feine Scheiben schneiden, auf einer Fleischplatte anrichten und mit der Petersilie bestreuen. Die Sauce zu dem Fleisch separat zu Tisch bringen. Dazu Salzkartoffeln und einen frischen grünen Salat reichen.

Pfälzer Schweinebraten

1.

Mit einem scharfen Messer die Schwarte rautenförmig bis auf das Fleisch einschneiden. Die Nelken in den Schnitt-punkten verteilen.

2.

Das Fleisch mit der Schwarte nach oben in einen Bräter legen. Zwiebel mit den Lorbeerblättern zu dem Fleisch geben. Knoblauch pellen, zerdrücken und mit Honig, Senf, Tomatenmark, den Gewürzen und etwas Bier verrühren. Den Braten mit der Hälfte der Sauce einpinseln. Den Backofen auf 180 °C vorheizen.

3.

250 ml Salzwasser aufkochen, an den Braten gießen und im Backofen 1 Stunde garen. Hin und wieder mit der restlichen Sauce bestreichen. Dann die Hitze auf 220 °C erhöhen und 30 Minuten weiter garen. Bratensatz mit weiteren 250 ml Salzwasser auffüllen und den Braten immer wieder damit begießen.

4.

Kurz vor Ende der Garzeit den Braten mit dem restlichen Bier bepinseln, aus dem Bräter nehmen und warm stellen. Bratenfond mit etwas Wasser loskochen und anschließend durch ein feines Sieb passieren. Das Fleisch mit einem scharfen Messer in Scheiben schneiden und auf einer Fleischplatte anrichten, mit der Sauce separat zu Tisch bringen.

Für 4 Personen

Zubereitungszeit:
30 Minuten
Kochzeit: 1 Stunde 30
Minuten

Einkaufsliste

1 kg Schweinebraten mit
Schwarte
8 Nelken
1 Zwiebel, geviertelt
2 Lorbeerblätter
1 Knoblauchzehe
jeweils ½ EL Honig, Senf,
Tomatenmark
Salz
Pfeffer
Zucker
125 ml Bier

Bratwurst „Hausmacher Art"

Für 4 Personen
Zubereitungszeit:
30 Minuten
Kochzeit: 15 Minuten

Einkaufsliste
500 g mageres
Schweinefleisch
250 g Bauchspeck
Salz
Pfeffer
Majoran
125 ml trockener Pfälzer
Weißwein

Außerdem
Schweinedarm für 4 Würste
1 L Milch
1 EL Butterschmalz

1.

Das Fleisch waschen, trockentupfen und zusammen mit dem Speck durch den Fleischwolf drehen. Die Masse kräftig mit Salz, Pfeffer und Majoran würzen, den Wein zugeben und sorgfältig durchkneten. Eventuell etwas Wasser zugeben, damit die Masse schön geschmeidig wird.

2.

Die Masse in die Schweinedärme füllen und abbinden. Die Würste in der Milch wenden. Das Butterschmalz in einer Pfanne erhitzen und die Würste darin rundum knusprig gar braten lassen. Die Bratwurst „Hausmacher Art" auf einem flachen Teller anrichten und mit Bratkartoffeln oder einem Kartoffelsalat reichen. Dazu den restlichen Pfälzer Weißwein servieren.

Läwwerknepp

1.

Die Brötchen in dünne Streifen schneiden, mit heißer Milch
begießen und beiseite stellen. Die Zwiebel schälen und in grobe
Würfel schneiden.
Die Leber von allen Häuten befreien, waschen, trockentupfen und
mit dem Schweinekamm und den ausgedrückten Brötchen und
der Zwiebel durch die feine Scheibe des Fleischwolfs drehen.

2.

Die Eier unter den Teig mischen, mit Salz, Pfeffer, Muskat und
Majoran kräftig würzen. Den Teig ein bis zwei Stunden im
Kühlschrank ziehen lassen. Die Fleischbrühe zum Kochen bringen.
Mit einem größeren Löffel von dem Teig ovale Knödel abstechen
und in der siedenden Fleischbrühe etwa 15 Minuten gar ziehen
lassen. Aus der Brühe heben, abtropfen lassen und in eine
Servierschüssel geben.

3.

Die Zwiebelwürfel in der heißen Butter goldgelb anrösten und
die Läwwerknepp damit übergießen. Dazu Kartoffelpüree und
Sauerkraut reichen.

Für 4 Personen

Zubereitungszeit:
40 Minuten
Kochzeit:
15 Minuten

Einkaufsliste

2 alte Brötchen
Milch zum Einweichen
1 Zwiebel
500 g junge Rinderleber
(noch feiner: Kalbsleber)
200 g Schweinekamm
3 Eier
Salz
Pfeffer
Muskat
1 TL Majoran
1,5 L Fleischbrühe

Außerdem
1 Zwiebel, in Würfel
geschnitten
2 EL Butter

Rinderrouladen

Für 4 Personen

Zubereitungszeit:
35 Minuten
Kochzeit: 50 Minuten

Einkaufsliste

4 Rinderrouladen
4 TL Senf
4-5 Gewürzgurken
2 große Zwiebeln
100 g Speckwürfel
8 Speckscheiben
Pfeffer
3 EL Öl
1 Lorbeerblatt
1 EL Mehlbutter
Salz

1.

Die Rouladen auf der Arbeitsplatte auslegen, die Innenseite gut mit Senf bestreichen und mit klein geschnittenen Gurkenstückchen belegen. Die Zwiebeln schälen und in Würfel schneiden. In einem Topf eine Hälfte der Zwiebelwürfel und die Speckwürfel leicht andünsten und auf den Rouladen verteilen.

2.

Jede Roulade mit zwei Speckscheiben belegen und mit Pfeffer kräftig würzen. Die Fleischscheiben vom „spitzen" zum breiten Ende hin aufwickeln und mit einem Holz- oder Metallspießchen fixieren, damit die Rouladen bei der Zubereitung nicht aufklappen.

3.

Das Öl in einem weiten Bräter erhitzen und die Rouladen darin von allen Seiten kräftig anbraten. Die restliche Zwiebel und das Lorbeerblatt dazu geben und kurz anrösten. Mit heißem Wasser ablöschen, die Rouladen sollten jetzt zu ¾ im Wasser bedeckt sein. Das Ganze bei schwacher Hitze 50 Minuten köcheln lassen. Die Rouladen aus dem Topf nehmen und warm stellen. Die Sauce aufkochen, mit der Mehlbutter binden und mit Salz und Pfeffer abschmecken. Die Rouladen auf einer Fleischplatte anrichten, die Spießchen entfernen und mit etwas Sauce begießen. Die restliche Sauce separat reichen. Dazu Salzkartoffeln und Rotkohl servieren.

Pfälzer Saumagen

1.

Den Saumagen über Nacht wässern, am Folgetag sorgfältig abtropfen lassen und zwei der Magenöffnungen mit Küchengarn abbinden. Die Zwiebel und die Knoblauchzehen pellen und fein hacken. Die Petersilie gründlich waschen, trockenschleudern und fein hacken. Die Kartoffeln waschen und wie gewohnt in der Schale zu Pellkartoffeln gar kochen.

2.

Die Butter in einer Pfanne erhitzen und Zwiebel, Knoblauch und Petersilie darin kurz anschwitzen und anschließend beiseite stellen. Die noch warmen Kartoffeln pellen und würfeln. Den Schweinebauch in feine Würfel schneiden. Beides zusammen mit dem Hackfleisch in eine Schüssel geben, die Fleischbrühe angießen, die Zwiebel-Knoblauch-Petersilien-Masse und die beiden Eier zugeben. Mit den Gewürzen kräftig würzen und das Ganze gut miteinander mischen.

3.

Diese Masse in den Saumagen füllen und die Öffnung mit Küchengarn abbinden. In einem großen Topf reichlich Wasser zum Kochen bringen, den Saumagen hineinlegen und bei kleiner Hitze 2 ½ Stunden sieden lassen. Nach Ende der Garzeit aus dem Wasser heben, abtropfen lassen und in etwa 2 cm dicke Scheiben schneiden. Die Saumagenscheiben auf einer Fleischplatte anrichten und mit Sauerkraut und Kartoffelpüree heiß servieren.

Für 4 Personen
Zubereitungszeit: 30 Minuten (ohne Wartezeit)
Kochzeit: 3 Stunden

Einkaufsliste

1 kleiner, geputzter Saumagen
1 große Zwiebel
2 Knoblauchzehen
1 Bund Petersilie
1 kg gekochte Kartoffeln
1 EL Butter
1 kg Schweinebauch ohne Schwarte
1 kg Hackfleisch (gemischt Rind/Schwein)
250 ml Fleischbrühe
2 Eier
Salz
Pfeffer
1 TL Majoran
Muskatnuss

63

Schweinepfeffer

Für 4 Personen

Zubereitungszeit: 30 Minuten
Kochzeit:
1 Stunde 30 Minuten

Einkaufsliste

1 kg Schweinenacken
2 Möhren
2 Zwiebeln
3 EL Öl
2 Lorbeerblätter
1 TL Pfefferkörner
3 EL Rotweinessig
20 g Butter
1 ½ EL Mehl
¼ L Rotwein
Salz
Pfeffer
1 Prise Zucker

1.

Das Fleisch waschen und trockentupfen. Möhren schälen, waschen und in Scheiben schneiden. Die Zwiebeln schälen und in Würfel schneiden.

2.

Das Öl in einem Schmortopf erhitzen und das Fleisch darin rundherum anbraten. Möhren und Zwiebeln dazugeben und anbraten. Lorbeerblätter und Pfefferkörner zugeben und alles mit dem Essig ablöschen. 500 ml heißes Wasser zugießen und das Ganze 1 ½ Stunden bei mittlerer Hitze schmoren lassen.

3.

Das Fleisch aus dem Topf nehmen und in Würfel schneiden. Die Fleischbrühe durch ein Sieb gießen. Butter im Topf erhitzen, Mehl darin anschwitzen und mit Wein und Brühe ablöschen. Unter ständigem Rühren 2 Minuten kochen. Mit Salz, kräftig mit Pfeffer und einer Prise Zucker abschmecken. Fleisch in die Soße geben und etwas darin ziehen lassen. Anschließend in eine Servierschüssel füllen und mit Sauerkraut und gekochten Kartoffelklößen servieren. Dazu trinkt man einen Schoppen Pfälzer Rotwein.

Vorderpfalz

Die Vorderpfalz ist eine Region, die zusammen mit der Südpfalz den pfälzischen Anteil an der Oberrheinischen Tiefebene bildet. Sie liegt am Rhein, zu ihr gehört das Hügelland an der Deutschen Weinstraße. Landkreise und kreisfreie Städte der Vorderpfalz sind: Landkreis Bad Dürkheim, Stadt Frankenthal (Pfalz), Rhein-Pfalz-Kreis (früher: Landkreis Ludwigshafen), Stadt Ludwigshafen am Rhein, Stadt Neustadt an der Weinstraße und die Stadt Speyer.

Bad Dürkheim

Die Kreisstadt Bad Dürkheim, umgeben von Weinbergen direkt am Rand des Pfälzerwaldes gelegen, zählt knapp 19.000 Einwohner und ist über die Landesgrenzen bekannt für guten Wein. Ausgrabungen konnten beweisen, dass bereits die Römer in dieser Region Wein anbauten. Mit knapp 1300 Hektar Rebfläche gehört Bad Dürkheim zu den drei größten weinbautreibenden Gemeinden der Bundesrepublik Deutschland.

Bad Dürkheim ist Kurstadt und erhielt das Prädikat "Bad" bereits im Jahr 1905. Heute ist die Stadt eines von vier rheinland-pfälzischen Staatsbädern. Zahlreiche Burgen, die entlang der Deutschen Weinstraße emporragen, sind Zeugen deutscher Geschichte. Besonders zu erwähnen ist die Klosterruine Limburg, von der UNESCO als kulturelles Erbe der Menschheit anerkannt.

Einen außerordentlichen Bekanntheitsgrad erfährt die Stadt durch den jährlich stattfindenden Wurstmarkt. Diese Veranstaltung ist mit einer Besucherzahl von 600.000 Menschen das größte Weinfest der Welt.

Neustadt an der Weinstaße

Die kreisfreie Stadt Neustadt an der Weinstraße liegt direkt an der Deutschen Weinstraße und ist ein Zentrum der deutschen Weinindustrie. Das jährlich veranstaltete Weinlesefest ist über die Landesgrenzen hinaus bekannt und empfängt jährlich viele Besucher, zumal auch die Wahl der Deutschen Weinkönigin Bestandteil dieser Festivität ist.

Neustadt reicht von der Rheinebene in den Naturpark Pfälzerwald hinein. Auf dem Gebiet von Neustadt an der Weinstraße befinden sich insgesamt zwölf (!) Naturschutzgebiete mit reicher und abwechslungsreicher Vegetation.

Die historische Altstadt mit der Stiftskirche aus dem 14. Jahrhundert, dem Steinhäuser Hof (vermutlich der älteste pfälzische Bürgerhof aus dem 13. Jahrhundert) und der Elwetritschenbrunnen sind besonders sehenswert.

Weitere Sehenswürdigkeiten bieten zahlreiche Burgen und Schlösser. Besonders hervorzuheben ist das Hambacher Schloss, das als "Wiege der deutschen Demokratie" bezeichnet wird. Es liegt auf dem nach ihm benannten 325 m hohen Schlossberg. Von hier aus bietet sich ein weiter Blick etwa 200 m hinunter auf die Weinberge beidseits der Deutschen Weinstraße. In dem Schloss finden zudem ganzjährig Veranstaltungen statt.

Hambacher Schloss

Speyer

Als eine der ältesten Städte Deutschlands ist Speyer eine historisch und kulturell bedeutende Stadt. Heute als kreisfreie Stadt zu Rheinland-Pfalz gehörend leben hier etwa 50.000 Einwohner. Weithin bekannt ist Speyer durch seinen Kaiser- und Mariendom. Er ist dem Heiligen Stephan und der Gottesmutter Maria, der "Patrona Spirensis" geweiht. Der Dom ist die weltweit größte noch erhaltene romanische Kirche und zählt seit 1981 zum UNESCO-Weltkulturerbe. Der zum Dom gehörende Garten lädt zum Verweilen und zu einem schönen Spaziergang ein. Er ist seit seinem Bestehen ein beliebtes Ausflugsziel der Speyerer und ihrer Gäste, nicht zuletzt wegen der vielen Feste und Veranstaltungen, die dort stattfinden.

Dom zu Speyer

Frankenthal

Frankenthal ist eine kreisfreie Stadt von bedeutender Tradition und liegt zwischen den Städten Worms und Ludwigshafen. Frankenthal ist ein attraktives, lebendiges und aufstrebendes Mittelzentrum mit rund 50.000 Einwohnern. Mittelpunkt im Herzen der Stadt ist der Rathausplatz. Er wird eingerahmt vom Erkenbert-Museum, der Pfarrkirche St. Dreifaltigkeit und dem Rathaus. An jedem Dienstag und Freitag bietet der Rathausplatz als besonderes Highlight den malerischen Wochenmarkt. Mit seinen zahlreichen Ständen und dem vielfältigen Angebot aus der Region lädt der Wochenmarkt zum Bummeln und Kaufen ein. Eine besondere Attraktion bietet das jährlich stattfindende Strohhutfest. Es ist das größte Straßenfest der Pfalz und bricht alle Besucherrekorde.

Ludwigshafen

Ludwigshafen ist die größte Stadt der Pfalz, liegt in den Auen am linken Rheinufer des Oberrheingrabens und trägt seit 2009 den von der Bundesregierung verliehenen Titel „Ort der Vielfalt". In Ludwigshafen ist die chemische Industrie ansässig. Hier befindet sich der Stammsitz der BASF, die hier den größten zusammenhängenden Chemiestandort der Welt betreibt und rund 38.000 Menschen beschäftigt. Eine weitere Superlative der Stadt ist der Rheinhafen, denn dieser ist der größte und leistungsstärkste Hafen in Rheinland-Pfalz. Mit einem Güterumschlag von 7 Mio. Tonnen im Jahr ist er einer der bedeutendsten Binnenhäfen der Bundesrepublik. Über die Landesgrenzen hinaus bekannt ist Ludwigshafen auch für die Verleihung des Deutschen Filmpreises. Dieser wird jedes Jahr auf der Parkinsel verliehen. Prominente, Stars und Sternchen, eben alles, was Rang und Namen hat, reisen nach Ludwigshafen, um zu sehen und gesehen zu werden. Auch Kulturinteressierten hat diese Stadt sehr viel zu bieten. Die Theater bieten ständig wechselnde Programme an und die Museen ziehen mit zahlreichen Ausstellungen Besucher aus nah und fern an.

Köstlichkeiten aus Kartoffeln und Gemüse

Der Kartoffelanbau hat in der Pfalz eine lange Tradition. Grumbeere heißen die Kartoffeln hierzulande. Kartoffeln sind in der ganzen Pfalz beliebt, was sich in der Vielfalt der Kartoffelgerichte widerspiegelt. Der Genuss von Gebreedelde (Bratkartoffeln), Hoorische (Haarige), oder Fluddeknepp lässt einem das Wasser im Munde zerlaufen. Aber auch Gemüserezepte wie Rote-Bete-Gemüse, Mangold-Lauch-Gemüse und Spargelgemüse laden zum Genießen ein und sind einfach und schnell nachzukochen.

Grumbeerpannekuche

Für 4 Personen

Zubereitungszeit:
30 Minuten
Kochzeit:
etwa 4 Minuten, je Portion

Einkaufsliste
1 kg Kartoffeln
2 große Zwiebeln
4 Eier
3 EL Mehl
Salz
Pfeffer
8-10 EL Butterschmalz

1.

Kartoffeln schälen, waschen und in eine Schüssel reiben; die sich bildende Kartoffelflüssigkeit abgießen. Die Zwiebel schälen und zu den Kartoffeln reiben.

2.

Die Kartoffelmasse mit den Eiern und dem Mehl verrühren. Mit Salz und Pfeffer würzen. Etwas Butterschmalz in einer großen Pfanne erhitzen. Mit einer Schöpfkelle portionsweise von der Kartoffelmasse nehmen und in das heiße Fett geben, etwas flachdrücken und von beiden Seiten goldbraun ausbacken. Weiter so verfahren, bis der Teig aufgebraucht ist. Traditionell werden die Pfannkuchen zu Kartoffelsuppe und Linsensuppe gegessen. Aber auch mit Apfelmus schmecken die Grumbeerpannekuche hervorragend.

Tipp:
Das Fett können Sie reduzieren, indem Sie die Grumbeerpannekuche auf Küchenpapier abtropfen lassen. Zum Warmhalten sollten Sie die Pannekuchen auf keinen Fall abdecken: sie ziehen dann Wasser und werden weich. Besser ist es, die Reibekuchen auf einen Teller in den Backofen zu stellen.

Gebreedelde

1.

Die Kartoffeln schälen, waschen und in dünne Scheiben schneiden. Die Zwiebeln schälen und in Würfel schneiden.

2.

Das Öl in einer Pfanne erhitzen und die Kartoffelscheiben darin kräftig anbraten. Die Hitze reduzieren und die Kartoffeln unter Wenden etwa 20 Minuten braten lassen. Dann die Zwiebelringe, die Speckwürfel und den Majoran dazugeben und die Hitze wieder erhöhen.

3.

Unter Wenden das Ganze weitere 10 Minuten knusprig goldbraun fertig braten. Abschließend mit Salz und kräftig mit Pfeffer abschmecken.
Die Gebreedelde auf flachen Tellern portionieren, mit der Petersilie bestreuen und mit frischer Bratwurst servieren.

Für 4 Personen

Zubereitungszeit:
30 Minuten
Kochzeit:
30 Minuten

Einkaufsliste

800 g Kartoffeln
2 Zwiebeln
3 EL Öl
100 g Speckwürfel
1 TL Majoran
Salz
Pfeffer
2 EL gehackte Petersilie

Hoorische

Für 4 Personen
Zubereitungszeit:
50 Minuten
Kochzeit: 10 Minuten

1.

Die Kartoffeln waschen und die Hälfte in der Schale wie gewohnt zu Pellkartoffeln gar kochen. Die Kartoffeln abgießen, kalt abspülen, pellen und durch die Kartoffelpresse drücken. Die rohen Kartoffeln schälen, waschen und fein reiben. Die Kartoffelflüssigkeit abgießen und die Kartoffelmasse in einem Leinentuch gut ausdrücken.

2.

Die Kartoffelmassen miteinander vermengen, die Eier dazugeben und mit Salz und Pfeffer kräftig würzen. So viel Mehl dazugeben, bis der Teig nicht mehr am Schüsselrand klebt. Aus dem Kartoffelteig mit bemehlten Händen Klöße formen und diese auf einem bemehlten Teller ablegen.

Hoorische

3.

In einem hohen Topf Wasser zum Kochen bringen und die Klöße hineingeben. Bei mittlerer Hitze sieden lassen (das Wasser darf nicht mehr kochen). Wenn die Klöße an die Oberfläche kommen, sollen sie weitere 3 Minuten ziehen. Mit einem Schaumlöffel aus dem Topf heben und abtropfen lassen. Die Hoorische mit Sauerkraut und Bratwurst servieren.

Einkaufsliste
2 kg Kartoffeln
3 Eier
Salz
Pfeffer
Mehl

> *Tipp*:
> Sollten Hoorische übrig bleiben, schmecken diese auch am nächsten Tag. Dazu die Klöße in Scheiben schneiden und in heißer Butter von beiden Seiten goldgelb backen.

Fluddeknepp

Einkaufsliste

750 g Kartoffeln
100 g Mehl
1 Ei
Salz
Pfeffer
Muskatnuss
6 EL Butterschmalz
2 EL gehackte Petersilie

1.

Die Kartoffeln waschen und in der Schale wie gewohnt in etwa 30 Minuten gar kochen. Das Wasser abgießen, die Kartoffeln auskühlen lassen, schälen und in eine Schüssel reiben.

2.

Das Mehl und das Ei zu der Kartoffelmasse geben, mit Salz, Pfeffer und Muskatnuss würzen und das Ganze gut vermischen. Mit einem Esslöffel längliche Klöße (die Knepp) formen und diese auf einen bemehlten Teller legen.

3.

Das Butterschmalz in einer Pfanne erhitzen und die Fluddeknepp darin von allen Seiten goldgelb braten. Die Knepp auf Tellern anrichten, mit Petersilie bestreuen und mit einem frischen grünen Salat servieren..

Grumbeergulasch

1.

Die Kartoffeln waschen und in der Schale wie gewohnt zu
Pellkartoffeln gar kochen.
Die Kartoffeln abgießen, unter kaltem Wasser abschrecken, schälen und in Scheiben schneiden. Die Zwiebeln schälen, fein würfeln und in der heißen Butter glasig anschwitzen. Das Mehl darüber streuen, alles leicht Farbe nehmen lassen und die Milch
angießen. Unter ständigem Rühren 10 Minuten ziehen lassen.

2.

Die Fleischwurst von der Pelle befreien, in Scheiben schneiden
und mit den Kartoffelscheiben zu der Zwiebelmasse geben. Das
Ganze etwa 5 Minuten ziehen lassen. In dieser Zeit die Petersilie
waschen, gut trockenschleudern, fein hacken und mit dem
Weißwein dazugeben. Mit Salz, Pfeffer und Muskatnuss würzen.
Das Kartoffelgulasch in eine Servierschüssel füllen und sofort
heiß servieren. Dazu einen frischen grünen Salat reichen.

Für 4 Personen

Zubereitungszeit:
15 Minuten (ohne Wartezeit)
Kochzeit: 25 Minuten

Einkaufsliste

1 kg Kartoffeln
2 Zwiebeln
3 EL Butter
2 EL Mehl
750 ml Milch
500 g Fleischwurst
1 Bund Petersilie
100 ml Weißwein
Salz
Pfeffer
Muskatnuss

Zwiebelkuchen

Für 4 Personen

Zubereitungszeit:
35 Minuten
Backzeit: 45 Minuten

Einkaufsliste

300 g Blätterteig
(TK-Produkt)
750 g Zwiebeln
250 g durchwachsener Speck
50 g Butterschmalz
2 EL Mehl für die
Arbeitsfläche
3 Eier
250 ml saure Sahne
Salz
1 TL Kümmel
1 EL Schnittlauchröllchen

1.

Den Blätterteig auftauen. Die Zwiebeln schälen, halbieren und in dünne Streifen schneiden. Den Speck von der Schwarte befreien und fein würfeln.

2.

Die Speckwürfel in einer Pfanne anschwitzen, das Butterschmalz zugeben, erhitzen und die Zwiebeln darin glasig andünsten. Den Teig auf einer bemehlten Arbeitsfläche etwa ½ cm dick ausrollen. Eine Springform mit kaltem Wasser ausspülen und den Boden und den Formrand mit dem Teig auslegen. Den Boden mehrmals mit einer Gabel einstechen. Den Backofen auf 220 °C vorheizen.

3.

Die Zwiebel-Speck-Masse auf dem Teig verteilen. Die Eier aufschlagen und mit Sahne, Salz und Kümmel verrühren und darüber geben. Den Kuchen in den Backofen geben und in etwa 40 Minuten garen. Nach Ende der Garzeit den Kuchen aus dem Ofen nehmen, den Springformrand öffnen, den Zwiebelkuchen auf eine Platte geben, mit den Schnittlauchröllchen bestreuen und in Stücke schneiden. Heiß mit einem fruchtigen Weißwein (Federweißer) servieren.

Lauchkuchen

Für 4 Personen

Zubereitungszeit:
20 Minuten
(ohne Wartezeit)
Backzeit:
45 Minuten

Einkaufsliste
Für den Teig

125 g Butter
1 TL Salz
250 g Mehl
1 TL Margarine

Für den Belag

1 kg Lauch
350 g geräucherte
Speckwürfel
50 g Butter
500 ml Fleischbrühe
Salz
Pfeffer
Muskatnuss
5 Eier
250 ml Schlagsahne

1.

Die Teigzutaten mit 3 Esslöffeln kaltem Wasser mischen, sorgfältig verkneten und an einem kühlen Ort ruhen lassen. Den Teig anschließend auf einer bemehlten Arbeitsfläche dünn ausrollen, in eine eingefettete Springform geben und den Rand hochdrükken.

2.

Für den Belag den Lauch putzen, in kleine Stücke schneiden, gründlich waschen und abtropfen lassen. Die Speckwürfel in einer weiten Pfanne in der erhitzten Butter auslassen. Die Lauchstücke dazugeben, die heiße Fleischbrühe angießen und mit Salz, Pfeffer und Muskatnuss würzen. Das Ganze 10 Minuten bei mittlerer Hitze garen. Den Backofen auf 200 °C vorheizen.

3.

Die Lauchmasse etwas abkühlen lassen und auf den Teig geben. Die Eier aufschlagen, mit Sahne und Mehl verquirlen und mit Salz und Pfeffer würzen. Die Eiermasse ebenfalls auf dem Kuchen verteilen und das Ganze im Backofen 45 Minuten backen. Nach Ende der Garzeit den Kuchen aus dem Ofen nehmen, den Springformrand öffnen, den Lauchkuchen auf eine Platte geben und in Stücke schneiden. Sofort heiß servieren. Dazu einen trockenen Weißwein reichen.

Kartoffelsalat „Bad Dürkheim"

1.

Die Kartoffeln waschen und wie gewohnt in der Schale zu Pellkartoffeln gar kochen. Abgießen, kalt abschrecken, pellen und in dicke Scheiben schneiden. Die Zwiebeln schälen und in kleine Würfel schneiden.

2.

In einer Pfanne 1 Esslöffel Öl erhitzen und die Speck- und Zwiebelwürfel darin anbraten, mit der heißen Brühe ablöschen, die Gewürze und den Essig hinzufügen.

Die Kartoffeln in eine mit dem restlichen Öl eingefettete feuerfeste Form geben und die Speck-Zwiebel-Brühe vorsichtig über die Kartoffeln gießen. Die Form abdecken (Deckel oder Alufolie) und für etwa 20-30 Minuten bei 180 °C in den Backofen geben. Den Kartoffelsalat heiß zu Tisch bringen und dazu frische Bratwurst, Koteletts oder Frikadellen reichen.

Für 4 Personen

Zubereitungszeit:
40 Minuten
Kochzeit:
20-30 Minuten

Einkaufsliste

1,5 kg Kartoffeln
2 Zwiebeln
5 EL Öl
400 ml heiße Fleischbrühe
150 g Schinkenspeckwürfel
Salz
Pfeffer
6 EL Weinessig

Kartoffel-Bohnen-Gemüse

Für 4 Personen

Zubereitungszeit:
35 Minuten
Backzeit: 45 Minuten

Einkaufsliste

500 g Kartoffeln
500 g Stangenbohnen
Salz
1 Zweig Bohnenkraut
1 große Zwiebel
150 g Speckwürfel
1 EL Mehlbutter
Pfeffer

1.

Die Kartoffeln schälen, waschen und in etwa 2 cm große Stücke schneiden. Die Stangenbohnen waschen, die Enden abschneiden und ebenfalls in 2 cm kleine Stücke schneiden.

2.

Die Kartoffeln in Salzwasser gar kochen und in einem zweiten Topf die Bohnen, ohne Salz, mit dem Bohnenkraut in Wasser gar kochen. Beides abgießen und zusammen in einem Topf miteinander vermischen. Die Zwiebel schälen und in Würfel schneiden.

3.

In einer Pfanne die Zwiebel mit dem Schinkenspeck andünsten, mit 50 ml Wasser ablöschen und mit der Mehlbutter andicken. Die Zwiebel-Speckmischung unter die Bohnen-Kartoffelmischung rühren und das Ganze mit Salz und Pfeffer abschmecken.
Das Kartoffel-Bohnen-Gemüse in eine Servierschüssel füllen und mit frischer Bratwurst servieren.

Kartoffel-Möhren-Püree

Für 4 Personen

Zubereitungszeit:
20 Minuten
Kochzeit:
25-30 Minuten

Einkaufsliste

750 g Kartoffeln
850 g Möhren
Salz
½ TL Zucker
1 EL Butter
ein Schuss Sahne
Pfeffer

1.

Karotten und Kartoffeln schälen und in Stücke schneiden. Die Kartoffeln in Salzwasser gar kochen. Die Möhren in etwas kochendes Wasser geben, Zucker, Salz und Butter dazu geben und ebenfalls gar kochen.

2.

Das Wasser der Kartoffeln abseihen und die Kartoffeln mit dem Kartoffelstampfer zu feinem Püree stampfen.
Die Möhren ebenfalls stampfen, dabei das Kochwasser, je nach Menge, entweder etwas abgießen oder belassen. Kartoffeln und Möhren mischen und mit einem Schuss Sahne verfeinern. Das Ganze mit Salz und Pfeffer abschmecken.

Tipp:
Besonders schmackhaft können Sie dieses Gericht wie folgt zubereiten: In einer Pfanne Zwiebelringe in Butter andünsten und vor dem Servieren über das Püree geben.

Maronenpüree

Für 4 Personen

Zubereitungszeit:
40 Minuten
Kochzeit: 60 Minuten

Einkaufsliste

500 g Maronen
(Esskastanien)
100 g Sellerie
250 ml Gemüsebrühe
250 ml Milch
1 EL Zucker
Salz
Pfeffer
Muskatnuss
1 EL Butter
4 EL Sahne

1.

Die Kastanien waschen, trockentupfen und mit einem scharfen Messer auf der flachen Seite kreuzweise einschneiden. Die Maronen auf ein Backblech legen und in dem auf 200 °C vorgeheizten Backofen etwa 30 Minuten rösten.

2.

Die Maronen heiß schälen und auch die innere dünne Haut abziehen. Sechs Kastanien beiseite legen. Den Sellerie putzen, würfeln und mit den Maronen in der Gemüsebrühe 30 Minuten garen lassen. Die Masse mit einem Mixstab pürieren und so viel heiße Milch unterrühren, bis eine geschmeidige Masse entsteht. Mit Zucker, Salz, Pfeffer und Muskatnuss herzhaft würzen. Die Butter und die Sahne unterrühren und das Püree mit einem Schneebesen kräftig aufschlagen, damit es schön locker wird. Das Maronenpüree in eine Servierschüssel füllen und mit den übrigen Maronen garniert servieren..

Rote-Bete-Gemüse

1.

Die Rote Bete gründlich waschen, Wurzeln und Blätter entfernen, die Knollen aber nicht schälen. In Salzwasser zum Kochen bringen und bei mittlerer Hitze etwa 1 ½ Stunden garen lassen.

2.

Die Rote Bete aus dem Topf heben, mit kaltem Wasser abschrekken, schälen und in Scheiben schneiden. Das Butterschmalz in einem Topf erhitzen, das Mehl darüber stäuben und hellgelb anschwitzen. 250 ml Wasser unter ständigem Rühren angießen.

3.

Die Schalotten schälen, möglichst klein würfeln und unter die Sauce rühren. Gewürznelken, Zucker, Zimt, Salz und Pfeffer zugeben und das Ganze etwa 5 Minuten ziehen lassen. Die Rote Bete zugeben und kurz aufkochen. Von der Herdplatte ziehen, die saure Sahne unterziehen, den Zitronensaft unterrühren und eventuell noch einmal abschmecken. Das Gemüse in eine Servierschüssel füllen und heiß zu Tisch bringen.

Für 4 Personen

Zubereitungszeit:
20 Minuten
Kochzeit:
1 Stunde 45 Minuten

Einkaufsliste

1 kg Rote Bete
Salz
1 EL Butterschmalz
1 EL Mehl
2 Schalotten
4 Gewürznelken
1 TL Zucker
½ TL Zimt
Pfeffer
3 EL saure Sahne
2 EL Zitronensaft

Tipp:
Die Rote Bete darf immer erst nach dem Kochvorgang geschält werden, da sie sonst „ausblutet".

Kartoffelkuchen

Für 4 Personen

Zubereitungszeit:
40 Minuten
Kochzeit:
1 Stunde 30 Minuten

Einkaufsliste

1 kg Kartoffeln
2 Zwiebeln
300 g durchwachsener Speck
4 Eigelbe
Salz
Pfeffer
Muskatnuss
100 g Mehl
1 TL Butter
1 EL Paniermehl
1 EL gehackte Petersilie

1.

Die Kartoffeln schälen, waschen und grob reiben. In einem Küchentuch sorgfältig auspressen. Die Zwiebeln schälen und in feine Würfel schneiden. Die Speckscharte entfernen und den Speck in kleine Würfel schneiden. Den Backofen auf 200 °C vorheizen.

2.

Den Speck und die Zwiebeln mit der Kartoffelmasse gut mischen, die Eigelbe zugeben und alles kräftig mit Salz, Pfeffer und Muskatnuss würzen. Nach und nach das Mehl unterrühren, bis ein feiner Teig entstanden ist. Eine Gugelhupfform ausbuttern und mit dem Paniermehl ausstreuen. Die Kartoffelmasse einfüllen und im Backofen etwa 1 ½ Stunden garen lassen. Den Kartoffelkuchen aus der Form stürzen, in Scheiben schneiden und mit der Petersilie garniert heiß servieren. Dazu einen frischen Blattsalat und einen trockenen Weißwein reichen.

Mangold-Lauch-Gemüse

1.

Mangold und Lauch putzen, gründlich waschen und abtropfen lassen. Den Mangold grob hacken und das Lauchgemüse in Ringe schneiden. Die Zwiebeln schälen und in feine Würfel schneiden.

2.

Die Butter in einem Topf erhitzen und die Zwiebelwürfel darin glasig anschwitzen. Das Gemüse zufügen und die Gemüsebrühe angießen. Mit Salz, Pfeffer und Muskat würzen und 20 Minuten dünsten. Kurz vor Ende der Garzeit die Sahne unterrühren. Das Mangold-Lauch-Gemüse in eine Servierschüssel füllen und heiß zu Tisch bringen. Dazu ein kurzgebratenes Fleischstück und Salzkartoffeln reichen.

Für 4 Personen

Zubereitungszeit:
15 Minuten
Kochzeit: 20 Minuten

Einkaufsliste

500 g Mangold
500 g Lauch
4 Zwiebeln
2 EL Butter
125 ml Gemüsebrühe
Salz
Pfeffer
Muskatnuss
150 g Sahne
12 EL gehackte Petersilie

Spargelgemüse

Für 4 Personen

Zubereitungszeit:
25 Minuten
Kochzeit: 35 Minuten

1.

Den Spargel vom Kopf her großzügig schneiden und die Enden abschneiden. Den Spargel waschen, abtropfen lassen, in vier Portionen aufteilen und jeweils mit Küchengarn bündeln.

Einkaufsliste

1,5 kg Pfälzer Spargel
20 g Butter
Salz
Zucker

Für die Sauce

175 g Butter
2 Eigelbe
1 EL Zitronensaft
Salz
Pfeffer
1 EL gehackte Petersilie

2.

Die Butter in einem Topf erwärmen, die Spargelportionen hinein-geben, mit Wasser aufgießen und mit Salz und Zucker würzen. Das Wasser aufkochen und den Spargel bei geschlossenem Deckel bei geringer Hitze 30 Minuten garen lassen.

3.

Für die Sauce die Butter in einem Topf auslassen. Die Eigelbe mit 2 Esslöffeln Wasser in eine kleine Schüssel geben, mit Zitronensaft und etwas Salz würzen und im heißen Wasserbad so lange schlagen, bis eine cremige Masse entstanden ist. Die Schüssel aus dem Wasserbad heben und vorsichtig die flüssige Butter unterheben. Mit Salz und Pfeffer abschmecken.

4.

Den Spargel aus dem Wasser nehmen, abtropfen lassen, das Küchengarn entfernen und die Spargelstangen auf flachen Tellern anrichten. Die Sauce darüber verteilen, mit der Petersilie garnieren und mit frischen Salzkartoffeln servieren.

Pälzer zwiwwelnudele

1.

Die Bandnudeln wie gewohnt in Salzwasser gar kochen.

2.

Während die Nudeln kochen, die Zwiebeln schälen und in Ringe schneiden. Das Butterschmalz in einer weiten Pfanne auslassen und die Zwiebelringe darin anrösten. Die Hitze reduzieren und die Zwiebeln weiter garen lassen, bis sie leicht gebräunt sind.

3.

Den Speck in schmale Streifen schneiden und in einer weiteren Pfanne ohne Fettzugabe leicht anrösten und anschließend unter die Zwiebelringe mischen. Die Nudeln in einem Sieb abgießen, mit kaltem Wasser abspülen und gut abtropfen lassen.

4.

Die Nudeln zu der Zwiebel-Speckmischung geben und das Ganze mit den verquirlten Eiern übergießen. Bei geschlossenem Deckel und geringer Hitze stocken lassen. Mit Salz und Pfeffer abschmecken, auf flachen Tellern portionieren und mit den Schnittlauchröllchen garniert servieren.

Für 4 Personen

Zubereitungszeit:
25 Minuten
Kochzeit: 35 Minuten

Einkaufsliste

500 g Bandnudeln
Salz
6 Zwiebeln
2 EL Butterschmalz
200 g durchwachsenen Speck
4 Eier
Pfeffer
1 EL Schnittlauchröllchen

91

Die Südpfalz

Die Südpfalz ist der südliche und südöstliche Teil der Pfälzer-Region und liegt inmitten malerischer Flusslandschaften, unberührter Auenwälder und saftiger Weiden. Entlang des Rheins und umgeben von herrlicher Naturlandschaft zeigen Keltengräber, spätantike Meilensteine, Tongruben und Ziegelöfen sowie die größte bayrische Festungsanlage außerhalb Bayerns die überaus ereignisreiche Vergangenheit der Südpfalz. Wo Weinberge und weite Felder in die erholsame Ruhe des Waldes übergehen, bietet die Südpfalz Alltagsgestressten vieles, was das Herz begehrt! Ein absoluter Geheimtipp für Naturliebhaber ist der Bienwald, im äußersten Süden an der Grenze zu Frankreich gelegen.

Diese in Mitteleuropa einmalige Schwemmfächer-Landschaft ist geprägt von weitläufigen Eichen- und Kiefernwäldern, urwüchsigen Bachauenwäldern, imposanten Baumriesen, Mooren und Dünen. Eine einzigartige Flora und Fauna mit vielen gefährdeten Pflanzenarten wie Schwertlilien, Orchideen und Wildblumen besiedeln die unverwechselbaren Lebensräume. Hier haben 500 Schmetterlingsarten und 100 Wildbienenstämme, Feldhamster, Wechselkröte, Hirschkäfer, Mittelspecht und Wildkatze ihr Zuhause.

In der Südpfalz liegen folgende Mittel- und Kleinstädte: Landau in der Pfalz, Germersheim, Wörth, Kandel, Bad Bergzabern, Annweiler und Dahn.

Die Südpfalz im Mai

Landau in der Pfalz

Die 1260 von Graf Emisch IV. gegründete Stadt Landau in der Pfalz ist flächenmäßig die drittgrößte Stadt der Pfalz und liegt zwischen Rhein und dem Pfälzer Wald, zwischen den sanften Hügeln der Weinberge – in einer Gegend, die, bedingt durch das mildeste Klima Deutschlands, eine um einen Monat verlängerte Vegetationsperiode erlebt.

Das Gesamtbild der Universitätsstadt wird geprägt durch breite Ringstraßen und imposante Bürgerhäuser, ein beeindruckendes Ensemble, das jedem gleich auffällt. In der Stadt mit Flair, die dennoch dominiert wird von ihrem ländlichen Charme, leben etwa 43.000 Menschen. Zahlreiche Feste rund um den Wein, ein reichhaltiges kulturelles Angebot in verschiedenen Kunsthäusern und zahlreiche Museen bieten den Besuchern Augen- und Ohrenschmaus „satt". Ein Besuch der Stiftskirche, ein Wahrzeichen und mit 675 Jahren das älteste Gotteshaus der Stadt, ist hier unumgänglich. Desweiteren ist die Stiftskirche die größte, gotische Bettelordenskirche (bezeichnet Ordensgemeinschaften, die kein Eigentum besitzen dürfen, sondern der Armut besonders verpflichtet sind) in der Pfalz. Das Kirchenschiff ist mit Turm 70 m lang, innen 15 m hoch und 20 m breit. Der Turm ist 55 m hoch und dominiert am Südring das Stadtbild.

Kandel

Kandel liegt in der Südpfalz, am Nordrand des Bienwaldes, etwa 12 Kilometer von der französischen Grenze entfernt.

Gelegen zwischen Weinbergen, Pfälzerwald und Rhein lädt die Stadt zum Genießen und Verweilen ein. In und um Kandel erstreckt sich ein weitreichendes Radwegenetz, das inmitten von Wiesen, Weinbergen und Feldern durch romantische Dörfer mit historischen Fachwerkhäusern verläuft. Im Sommer verwandeln sich weite Teile der Landschaft in einen prallen Obst- und Gemüsegarten. Der Tabakanbau hat hier eine lange Tradition und verleiht, ebenso wie der Weinbau, dem ganzen Landstrich seinen unverwechselbaren Charakter.

Bad Bergzabern

Bad Bergzabern ist eine Kleinstadt im Landkreis Südliche Weinstraße und ein staatlich anerkanntes Heilbad. Das malerische Kurstädtchen, zwischen Pfälzerwald und Reben, an der Deutschen Weinstraße gelegen, ist umgeben von schmucken Wein- und Walddörfern.

Bad Bergzabern mit dem historischen Stadtbild, einem prächtigen Schloss, idyllischen Parkanlagen und einer ureigenen Thermalquelle lädt zu einem Besuch ein. In der verwinkelten Altstadt kann man die herrlichen Patrizierhäuser mit ihren schmucken Giebeln und Erkern bewundern. Im Herzen der Kurstadt liegt das historische Renaissance-Gebäude „Zum Engel". Es gilt als einer der schönsten Renaissancebauten der Pfalz.

Annweiler am Trifels

Annweiler am Trifels liegt malerisch im Biosphärenreservat Pfälzerwald. Umgeben von grünen Wäldern, idyllischen Bachtälern, sanft geschwungenen Weinbergen und Streuobstwiesen ist es ein idealer Ausgangspunkt für Wanderbegeisterte durch unberührte Natur. In dem romantisch anmutenden, lebendigen Städtchen leben etwa 7000 Einwohner.

Annweiler am Trifels besitzt einen historischen Stadtkern, mit Stadtmühle und Gerberviertel, wird überragt von der berühmten Reichsburg Trifels. 2005 wurde im historischen Stadtkern zum ersten Mal das Richard-Löwenherz-Fest veranstaltet. Dieser Mittelaltermarkt mit Rittern, Gauklern, Edel- und Spielleuten, hat sich mit weit über 10.000 Besuchern zur größten Veranstaltung der Stadt entwickelt.

Stadtkirche Annweiler

Fangfrisch auf den Tisch

Die in der Pfalz stattfindenden Fischfeste zeugen auch heute noch von dem einst großen Fischreichtum im Rhein und den zahlreichen Bächen, die vom Pfälzerwald in den Rhein fließen. Forelle blau, Pfälzer Zandertopf und Lachs in Riesling sind nur einige Beispiele für die hervorragende Fischküche in der Pfalz.

„Weinseeliger" Aal

Für 4 Personen

Zubereitungszeit:
15 Minuten
Kochzeit: 20 Minuten

Einkaufsliste

1 kg Aal (küchenfertig)
Saft einer Zitrone
2 Zwiebeln
6 Nelken
500 ml Weißwein (trocken)
Salz
1 Lorbeerblatt
150 g Butter
1 EL gehackte Petersilie

1.

Den Aal waschen, mit einem Leinentuch gründlich abtrocknen und mit dem Zitronensaft beträufeln. Die Zwiebeln schälen und mit den Nelken spicken.

2.

Den Wein mit 250 ml Wasser in einem großen Topf gießen, salzen, die Zwiebeln und das Lorbeerblatt dazugeben und das Ganze zum Kochen bringen. Den Aal in den Topf geben und bei mäßiger Hitze etwa 20 Minuten gar ziehen lassen.

3.

Die Butter zerlassen. Den Aal vorsichtig aus dem Topf heben, abtropfen lassen und auf einer Fischlatte anrichten. Mit der zerlassenen Butter begießen und mit der Petersilie bestreut servieren. Dazu frische Salzkartoffeln oder Kartoffelsalat reichen.

Forelle blau

1.

Die Fische unter fließendem Wasser waschen und in der Bauchhöhle leicht salzen. Dabei darauf achten, dass die äußere Schleimschicht nicht verletzt wird, da sie sich sonst nicht blau verfärbt.

2.

Die Zwiebeln und die Möhren schälen und in grobe Stücke schneiden. Einen weiten Topf mit 2 Litern Wasser füllen, den Wein mit Essig, Zwiebeln, Möhren, Lorbeerblättern und Pfefferkörnern zugeben und das Ganze 20 Minuten leise köcheln lassen.

3.

Die Fische jeweils mit Küchengarn an Kopf und Schwanzende rund binden. Auf ein Sieb legen und über den schwach siedenden Sud hängen. Bei kleiner Hitze, je nach Größe der Fische, etwa 15 Minuten gar ziehen lassen.

4.

Die Fische vorsichtig auf vorgewärmten Tellern anrichten, das Küchengarn entfernen und mit Petersilienkartoffeln oder Kartoffelsalat reichen.

Für 4 Personen

Zubereitungszeit:
15 Minuten
Kochzeit: 35 Minuten

Einkaufsliste

4 Forellen, je 250 g
(küchenfertig)
Salz
2 Zwiebeln
2 Möhren
500 ml Weißwein (trocken)
125 ml Essig
2 Lorbeerblätter
6 Pfefferkörner

99

Hecht Landauer Art

Für 4 Personen

Zubereitungszeit:
25 Minuten
Kochzeit: 50 Minuten

Einkaufsliste

1,5 kg Hecht (küchenfertig)
Saft einer Zitrone
Salz
Pfeffer
150 g grüner Speck
100 g Butter und Butter zum
Einfetten des Backblechs
125 ml Schmand
125 ml Weißwein
30 g eiskalte Butter
1 EL gehackte Petersilie

1.

Den Hecht unter fließendem Wasser auswaschen, schuppen und abtrocknen. Von innen und außen mit Zitronensaft einreiben und mit Salz und Pfeffer würzen. Den Speck in feine Streifen schneiden und auf einem Stück Alufolie etwa 30 Minuten im Gefrierfach anfrieren lassen.

2.

Mit einem scharfen, spitzen Messer den Fischrücken in gleichmäßigen Abständen einstechen und die Speckstreifen von der einen zu der anderen Seite durch das Fleisch schieben. Die Bachlappen mit Zahnstochern durchstoßen, so dass der Fisch auf den Bauch gestellt werden kann und Halt bekommt. Ein Backblech ausbuttern und den Hecht darauf stellen. Den Backofen auf 200 °C vorheizen.

3.

Die Butter in einem kleinen Topf erhitzen, über den Fisch gießen und im Backofen etwa 30 Minuten garen. Den Schmand glatt rühren, über den Fisch gießen und etwa 10 Minuten bräunen lassen. Den Fisch aus dem Backofen nehmen, auf einer Fischplatte anrichten und warm stellen. Den Fischsud in einen kleinen Topf geben, den Wein angießen und kurz aufkochen. Mit der eiskalten Butter binden, mit Salz und Pfeffer abschmecken und die Petersilie unterziehen. Den Fisch separat zur Sauce zu Tisch bringen und mit Salzkartoffeln und einem grünen Salat servieren.

pfälzer zanderpfanne

Zubereitungszeit:
5 Minuten
Kochzeit: 3 Minuten

Einkaufsliste

4 Zanderfilets,
je 200 g mit Haut
3 EL Mehl
2 EL Öl
Salz
Pfeffer

1.

Die Fischfilets waschen, trockentupfen und auf der Hautseite mehrmals einschneiden. Fisch in Stücke schneiden, leicht in Mehl wenden und abklopfen.

2.

Öl in einer großen Pfanne erhitzen. Fischfilets darin auf der Hautseite je nach Dicke 4–5 Minuten braten. Fisch wenden und auf der Fleischseite etwa 1 Minute weiterbraten. Mit Salz und Pfeffer würzen. Den Fisch auf flachen Tellern anrichten und mit Rote-Bete-Gemüse und Salzkartoffeln servieren.

Lachs in Riesling

Für 4 Personen
Zubereitungszeit:
15 Minuten
Kochzeit: 30 Minuten

Einkaufsliste

1 Zwiebel
½ Bund Petersilie
1 Knoblauchzehe
75 g Butter
4 Lachskoteletts, je 250 g
Salz
Pfeffer
1-2 Gläser Riesling
1 Lorbeerblatt
2 EL Mehlbutter

1.

Die Zwiebel schälen und in feine Würfel schneiden. Die Petersilie waschen und trockenschleudern. Knoblauch pellen. Die Butter in einer Pfanne auslassen und die Zwiebelwürfel darin anschwitzen. Die Lachskoteletts dazugeben und mit Salz und Pfeffer würzen.

2.

So viel Wein angießen, dass der Fisch ganz bedeckt ist. Die Petersilie, das Lorbeerblatt und die Knoblauchzehe dazugeben und bei geschlossenem Deckel 15-18 Minuten sieden lassen. Den Fisch aus dem Topf nehmen und warm stellen. Petersilie und Lorbeerblatt entfernen und die Sauce mit der Mehlbutter binden. Die Lachsforellen auf flachen Tellern anrichten und mit der Sauce begießen. Dazu einen grünen Salat und Kartoffeln reichen.

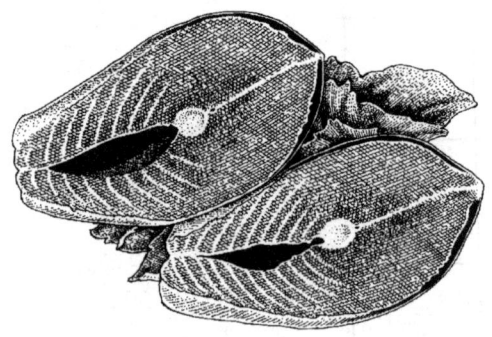

Naturpark Pfälzerwald

Der 1959 ins Leben gerufene Naturpark Pfälzerwald ist mit einer Fläche von 1800 Quadratkilometern einer der größten Naturparks in Deutschland. Seit dem Jahr 1998 ist das Gebiet der deutsche Teil des grenzüberschreitenden deutsch-französischen Biosphärenreservats Pfälzerwald-Nordvogesen. Biosphärenreservate tragen dazu bei, natürliche Ressourcen zu erhalten, Umweltbelastungen vorzubeugen und den Menschen umweltgerechtes Verhalten bewusst zu machen.

Im Gegensatz zu dem sonst dominierenden Wald tragen kleine, untersonnte Wiesentäler zur Belebung des Landschaftsbildes bei. In den entstandenen Feuchtgebieten sind seltene Vogelarten, wie z.B. die Bergbachstelze, die Wasseramsel und der Eisvogel beheimatet. Auch der seltene Wanderfalke, der den Beobachter durch rasante Flugmanöver beeindruckt, ist hier zu Hause. Wildkatzen lieben die trockenen Böden des Pfälzerwaldes und seit einigen Jahren streift auch der Luchs, nach langer Abwesenheit, wieder über die deutsch-französische Grenze. In den Kernzonen des Biosphärenreservats, wo der Mensch nicht in die Natur eingreift, entsteht zudem eine Art „Urwald", der das hautnahe Erleben von Wildnis ermöglicht. Zu den vielen Attraktionen des Naturparks Pfälzerwald zählt z.B. die größte Buntsandstein-Felsenlandschaft Europas. Kletterer kommen hier voll auf ihre Kosten, denn die spektakulären Felsen, um die sich Sagen und Mythen ranken, sind für Bergsteiger fast unwiderstehlich. Die hier befindlichen zahlreichen Burgruinen regen die Besucher zu einer fantasievollen Vorstellung von Rittern, Burgfräuleins und Ritterspielen an. Im Sommer sind sogar einige Burgen Schauplatz mittelalterlicher Feste. Das Haus der Nachhaltigkeit im Biosphärenreservat Pfälzerwald-Nordvogesen zeigt wechselnde Ausstellungen. Das Biosphärenhaus in Fischbach bietet ein einzigartiges Naturerlebnis: Auf einem Baumwipfelpfad können Besucher in 30 Meter Höhe zwischen den Baumkronen spazieren gehen - und sich über eine Riesenrutsche eine rasante Abfahrt verschaffen.

Kaffee un Kuche

Machen Sie mal Pause und genießen die leckeren „Pälzer Kuche". Fruchtig geht es zu auf den Pfälzer Kaffeetafeln. Birnen-Apfel-Kuchen, Zwetschgenkuchen und Pfälzer Kersche-Plotzer sind regionale Köstlichkeiten und bereichern den Nachmittagstisch.

Apfel-Birnen-Kuchen

Für 4 Personen

Zubereitungszeit:
15 Minuten
Backzeit: 45 Minuten

Einkaufsliste

400 g säuerliche Äpfel
400 g reife Birnen
125 g Zucker
1 Päckchen Vanillezucker
5 EL Speiseöl
3 Eier
150 g Mehl
250 ml Milch
1 EL Puderzucker zum
Bestäuben

Außerdem
Butter für die Form

1.

Die Äpfel und die Birnen waschen, schälen, halbieren und vom Kerngehäuse befreien. Die Früchte in dünne Scheiben schneiden.

2.

Eine Tarte-Form (26-28 cm Ø) mit Butter ausfetten. Das vorbereitete Obst in die Form schichten. Den Zucker mit Vanillezucker, Öl, Eiern und Mehl zu einem Teig verrühren. Abschließend die Milch unterrühren, der Teig sollte die Konsistenz von Pfannkuchenteig haben. Den Backofen auf 200-220 °C vorheizen.

3.

Den Teig über das Obst gießen und in der Form im Backofen (zweite Schiene von unten) etwa 45 Minuten backen.

4.

Den Kuchen aus dem Ofen nehmen, sofort mit dem Puderzucker bestreuen und noch warm servieren. Den Apfel-Birnen-Kuchen mit frischer Schlagsahne reichen.

Quetschekuche

Für 4 Personen

Zubereitungszeit:
15 Minuten
(ohne Wartezeit)
Backzeit: 45 Minuten

1.

Das Mehl in eine Schüssel sieben, in die Mitte eine Mulde drükken und die Hefe hineinbröseln. 1 TL Zucker über die Hefe streuen, 3 EL lauwarme Milch darüber gießen und mit etwas Mehl verrühren. Zugedeckt an einem warmen Ort 15 Minuten ruhen lassen (1. Gehen).

2.

Den restlichen Zucker, Butter, Salz, Ei und die lauwarme Milch verrühren und zum Vorteig geben. Alle Zutaten mit der Hand oder mit dem Knethaken des Handrührgerätes von der Mitte aus zu einem glatten Teig verarbeiten. Dann so kräftig schlagen, bis der Teig Blasen wirft und sich leicht vom Schüsselrand löst. Den Teig zugedeckt an einem warmen Ort etwa 30 Minuten gehen lassen, bis sich das Volumen verdoppelt hat (2. Gehen).

Einkaufsliste
Für den Teig

210 g Mehl
17 g Hefe
25 g Zucker
70 ml Milch
26 g weiche Butter
1 Prise Salz
1 Ei

Zutaten für den
Belag

500 g Zwetschgen
1 EL Zimtzucker zum
Bestreuen
3 EL Aprikosenkonfitüre

3.

Den Teig ausrollen und eine gefettete Springform (Ø 26 cm) damit auslegen. Weitere 15 Minuten an einem warmen Ort gehen lassen (3. Gehen). Währenddessen die Zwetschgen waschen, die Stiele abzupfen, halbieren und entsteinen.

4.

Den Teig mit den Zwetschgen belegen, mit Zimtzucker bestreuen und etwa 45 Minuten bei 175 °C backen.
Wenn der Kuchen abgekühlt ist, aus der Form lösen und mit heißer Aprikosenkonfitüre glasieren.

Außerdem
Butter zum Einfetten der
Form

Pälzer Kersche-Plotzer

Für 4 Personen

Zubereitungszeit:
25 Minuten
Backzeit: 60 Minuten

Einkaufsliste

10-12 altbackene Brötchen
750 ml Milch
6 Eier
1 ½ kg Kirschen
80 g Butter
80 g Zucker
1 TL Zimt

1.

Die Brötchen in kleine Stücke schneiden. Die Milch in einem Topf etwas erwärmen und die Brötchen damit übergießen. Die Eier trennen. Die Kirschen waschen und entkernen.

2.

Die Butter mit dem Zucker, den Eigelben und Zimt schaumig rühren. Die eingeweichten Brötchen dazu geben. Das Eiweiß zu steifem Eischnee schlagen und mit den Kirschen unter die Eigelbmasse heben. Diese Masse in eine mit Butter eingefettete Auflaufform füllen und bei 200 °C im Backofen etwa 60 Minuten backen. Den Pfälzer Kersche-Plotzer mit in der Auflaufform zu Tisch bringen und warm genießen.

Pfälzer Rotweinkuchen

1.

Die Eier trennen. Butter, Zucker, Vanillezucker und Eigelb mit dem Handmixer schaumig rühren. Den Rotwein hinzufügen. Mehl, Backpulver, Zimt und Kakao mischen. Nach und nach in die Buttermasse rühren. Schokolade unterrühren.

2.

Eiweiß mit etwas Salz schaumig rühren und unter den Teig heben. Eine Springform mit der Butter einfetten und mit Semmelbröseln ausstreuen. Den Teig einfüllen und bei 170 °C 55-60 Minuten backen. Den Kuchen etwas abkühlen lassen, aus der Form nehmen und dann vollkommen abkühlen lassen. Den Pfälzer Rotweinkuchen mit den Schokoladenstreuseln bestreuen, in Stücke schneiden und zu Kaffee, Tee oder Kakao servieren.

Für 4-6 Personen

Zubereitungszeit:
10 Minuten
Backzeit:
55-60 Minuten

Einkaufsliste

4 Eier
250 g Butter
und Butter zum Einfetten der Form
200 g Zucker
1 Pckg. Vanillezucker
125 ml Rotwein (trocken)
250 g Mehl
1 Pckg. Backpulver
1 TL Zimt
2 EL Kakao
100 g gehackte Schokolade
1 Prise Salz
1 EL Semmelbrösel
100 g Schokostreusel (zartbitter)

Das „Beste" kommt zum Schluss

Etwas Süßes zum Abschluss – da sagt niemand nein. Nachspeisen sind für „süße Genießer" unumgänglich. Süße Dampfnudeln mit Weinschaumsauce, Dörrobst-Kompott oder Pfälzer Weingelee sind Köstlichkeiten, die man einfach probieren muss.

Süße Dampfnudeln mit Weinschaumoße

Für 4–6 Personen

Zubereitungszeit:
40 Minuten
(ohne Wartezeit)
Kochzeit:
20 Minuten, je Portion

1.

Für den Teig das Mehl in eine Schüssel sieben und den Zucker auf den äußeren Mehlrand streuen. In die Mitte eine Mulde drücken und die Hefe hineinbröseln, mit etwas lauwarmer Milch, etwas Zucker und ein wenig Mehl zu einem Brei verrühren. Die Schüssel mit einem Küchentuch abdecken und an einem warmen Ort 20 Minuten gehen lassen.

2.

Das Ei mit der übrigen Milch verquirlen, zu der Mehlmischung geben und weiche Butterflöckchen darauf verteilen. Die Zitronenschale und das Salz zugeben und alles auf einer bemehlten Arbeitsfläche so lange schlagen, bis der Teig Blasen wirft.

3.

Den Teig zu einer Rolle formen, in 14 Portionen teilen und zu glatten Bällchen formen. Auf einem bemehlten Backblech an einem warmen Ort 30 Minuten gehen lassen.

4.

Zum Dämpfen in einen ausreichend großen Topf jeweils die Hälfte von Milch, Butter, Zucker und Salz geben. Die Bällchen darin 20 Minuten dämpfen, herausnehmen, warm stellen und mit den übrigen Bällchen ebenso verfahren.

5.

Für die Weinschaumsauce vier Eier trennen. Die vier Eiklar zu feinem Eischnee schlagen. Ein ganzes Ei mit vier Eigelben, Zucker und Wein in einen Topf geben und bei mittlerer Hitze mit dem Schneebesen schlagen, bis die Masse hochsteigt. Die Weincreme etwas abkühlen lassen, dann den Schnee unterheben. Die Dampfnudeln auf Dessertteller portionieren, mit dem Puderzucker bestäuben und mit der Weinschaumsauce separat servieren.

Einkaufsliste
Für die
Dampfnudeln
500 g Mehl
50 g Zucker
30 g Hefe
250 ml Milch
1 Ei
50 g weiche Butter
Schalenabrieb einer unbehandelten Zitrone
Salz

Zum Dämpfen
250 ml Milch
40 g Butter
50 g Zucker
Salz

Für die
Weinschaumsauce
5 Eier, getrennt
100 g Zucker
0,5 l Weißwein
(am besten einen trockenen Riesling, natürlich aus der Pfalz!)

Außerdem
1 EL Puderzucker

Dörrobst-Kompott

Für 4–6 Personen

Zubereitungszeit:
5 Minuten
(ohne Wartezeit)
Kochzeit: 20-30 Minuten

Einkaufsliste

400 g gemischtes Dörrobst
(Pflaumen, Aprikosen etc.)
40-50 g Zucker (je nach
Geschmack)
1 Prise Zimt
1 EL Zitronensaft
1 Schnapsglas
Zwetschgenwasser oder
Obstbrand (nach Wunsch)
Eventuell etwas Stärkemehl

1.

Das Dörrobst in einer Schüssel in wenig Wasser über Nacht einweichen. Am Folgetag das Obst in dem Einweichwasser aufkochen und bei mäßiger Hitze etwa 20-30 Minuten dünsten.

2.

Das Dörrobst-Kompott zuckern, mit Zimt und Zitronensaft abschmecken und mit dem Zwetschgenwasser verfeinern. Falls das Kompott zu flüssig ist, mit etwas Stärkemehl andicken.

Rhabarber-Kompott

1.

Den Rhabarber abziehen, waschen, in einem Sieb abtropfen lassen und in kleine Stücke schneiden. In 250 ml Wasser mit Zucker, Zitronenschale und der Zimtstange zum Kochen bringen, kurz aufkochen und dann bei mäßiger Hitze 10 Minuten garen. Die Rhabarberstücke dürfen aber nicht zerkochen.

2.

Nach Ende der Garzeit die Zitronenschale und die Zimtstange entfernen, das Rhabarberkompott in Dessertschalen portionieren und erkalten lassen.
Als Nachtisch mit frisch geschlagener Sahne servieren.

Für 4 Personen

Zubereitungszeit:
15 Minuten
Kochzeit: 10 Minuten

Einkaufsliste

500 g Rhabarber
300 g Zucker
Schale einer halben Zitrone
½ Zimtstange

119

Vanillesoße

Einkaufsliste

1 Vanilleschote
250 ml Vollmilch
3 EL Zucker
1 Prise Salz
250 ml Schlagsahne
10 g Stärkemehl
3 Eigelbe

1.

Vanilleschote längs aufschneiden, Mark herauskratzen. Die Milch mit Zucker, Vanilleschote und -mark und 1 Prise Salz kurz aufkochen. Den Topf von der Herdplatte nehmen und 10 Minuten ziehen lassen. Vanilleschote entfernen.

2.

Die Sahne mit Stärke und Eigelb verrühren. Vanillemilch erneut aufkochen. Milch-Eigelb-Mischung unterrühren und bei milder Hitze 2 Minuten köcheln. Sauce in eine Schale füllen und abkühlen lassen.

Armer Ritter

1.

Die Milch mit Eiern, Zucker und Salz verquirlen. Die Weißbrotscheiben damit begießen und etwa 5 Minuten einweichen.

2.

Das Fett in einer Pfanne erhitzen, die Brotscheiben darin von beiden Seiten goldgelb backen und auf flachen Tellern portionieren. Armer Ritter mit frischem Obst, Vanille- oder Weinschaumsauce servieren.

Für 4 Personen

Zubereitungszeit:
15 Minuten
Bratzeit: 4 Minuten

Einkaufsliste

500 ml Milch
3 Eier
1 EL Zucker
Salz
12 Scheiben Weißbrot
1-2 EL Butterschmalz

Birnen in Rotwein

Einkaufsliste

4 reife Birnen
125 g Zucker
½ Flasche Rotwein
(halbtrocken)
1 EL Zitronensaft
Abgeriebene Schale einer
Orange
Mark einer ½ Vanillestange
1 Msp. Zimt

1.

Die Birnen waschen, schälen, die Stiele belassen. Den Zucker mit dem Rotwein in einen Topf geben und erhitzen, bis sich der Zucker aufgelöst hat.

2.

Zitronensaft, Orangenschale, Vanillemark und Zimt zufügen. Die Birnen in den Rotwein setzen und bei geschlossenem Deckel bei schwacher Hitze 30 Minuten garen. Abkühlen lassen, die Birnen in Dessertschalen aufteilen und mit Schlagsahne oder Vanillesauce servieren.

Pfälzer Weingelee

Für 4 Personen

Zubereitungszeit:
20 Minuten
Kochzeit: 10 Minuten

Einkaufsliste

750 ml Weißwein
100 g Zucker
500 g Weintrauben
10 Blatt Gelatine
125 ml Schlagsahne

1.

Den Weißwein mit dem Zucker in einen Topf geben und erhitzen. Mit geschlossenem Deckel bei geringer Hitze etwa 10 Minuten ziehen lassen.

2.

Die Weintrauben waschen, in einem Sieb gut abtropfen lassen. Die Trauben von den Stielen zupfen, einige Weintrauben beiseite stellen. Die Gelatine in kaltem Wasser einweichen, ausdrücken und im noch warmen Wein auflösen. Die Weintrauben dazugeben und unterrühren. Das Weingelee in 6 Dessertgläser füllen und etwa 3 Stunden abkühlen und fest werden lassen.

3.

Die Sahne steif schlagen, in einen Spritzbeutel füllen und kleine Rosetten auf das Gelee setzen. Mit den übrigen Weintrauben garniert servieren.

Register

Bildnachweis

Fotolia:
S. 1 © beatuerk, S. 10 © Schepi,
S. 11 © beermedia, S. 12 © DoraZett,
S. 17 © Hildebrandt, S. 21 © Steffen Sinzinger,
S. 25 © beatuerk, S. 27 © Tom Hansen,
S. 29 © etfoto, S. 35 © Barbara Pheby,
S. 39 © Kitty, S. 43 © DoraZett,
S. 50 © marysckin, S. 57 © Jörg Beuge,
S. 65 © Corinna Gissemann, S. 70 © dream79,
S. 74-75 © manulito, S. 79 © komar.maria,
S. 83 © Doris Heinrichs, S. 85 © Printemps,
S. 96 © emmi, S. 101 © Vera Kuttelvaserova ,
S. 103 © blende40, S. 106 © M.studio,
S. 109 © HLPhoto, S. 111 © HLPhoto,
S. 114 © Christian Jung, S. 123 © IngridHS,
S. 121 © M.studio, S. 125 © Gina Sanders,

Pixelio
S. 46 © Diana Hablitz, S. 47 © Anne Bermüller,
S. 49 © Gerhard Martin, S. 67 © 25 Tom Sawyer,
S. 49 © angelina.s...k...., S. 116 © Peter Smola

Wikimedia Commons:
S. 8 © Dr. Manfred Holz, S. 68 © Sail over,
S. 95 © Martin Kraft

Alle anderen Bildmotive Dover Bildarchiv

Wir bedanken uns herzlich bei dem
Bezirksverband Pfalz.

Ebenfalls im Regionalia Verlag erschienen:

ISBN 978-3-939722-70-0

ISBN 978-3-939722-40-3

ISBN 978-3-939722-73-1

ISBN 978-3-939722-45-8

Jeweils 128 Seiten • 16,5 × 19,8 cm • Hardcover • 6,95 €